Tradition und Militärgeschichte

Referatebände der Gesellschaft für Geschichte der Wehrmedizin
(GGWM)

Im Auftrag der Gesellschaft für Geschichte der Wehrmedizin e.V.
herausgegeben von
Ralf Vollmuth, Erhard Grunwald und
André Müllerschön

Band 5

Tradition und Militärgeschichte

Vorträge des 5. Wehrmedizinhistorischen Symposiums
vom 19. November 2013

Im Auftrag der Gesellschaft für Geschichte der Wehrmedizin e.V.
herausgegeben von
Ralf Vollmuth, Erhard Grunwald und
André Müllerschön

Schriftleitung: André Müllerschön

Bonn, Beta-Verlag 2017

Herausgeber:
Gesellschaft für Geschichte der Wehrmedizin e.V.
c/o Neuherbergstr. 11
80937 München
E-Mail: publikationen@ggwm.de
Internet: www.ggwm.de

Verlag:
BETA Verlag & Marketinggesellschaft mbH
Celsiusstraße 43
D-53125 Bonn
Telefon: 0228 91937-10
Telefax: 0228 91937-23
E-Mail: info@beta-publishing.com
Internet: beta-publishing.com

Druck:
Rautenberg Media & Print Verlag GmbH
D-53840 Troisdorf

ISBN 978-3-927603-71-4

Alle Rechte vorbehalten. Ohne schriftliche Genehmigung des Herausgebers ist es nicht gestattet, das Buch oder Teile daraus zu vervielfältigen, auf Datenträger aufzunehmen oder zu vertreiben.

Inhalt

Erhard Grunwald und André Müllerschön
    Vorwort der Herausgeber 7

Teil 1
Tradition in Bundeswehr und Sanitätsdienst 11

Eberhard Birk
    Bundeswehr und Tradition.
    Alte und neue Aspekte einer endlosen Diskussion 13

Volker Hartmann
    Tradition und berufliches Selbstverständnis an der
    Sanitätsakademie der Bundeswehr 49

Teil 2
Napoleons Russlandfeldzug und die Völkerschlacht bei Leipzig 67

Mirko Urbatschek
    Europa in der Ära Napoleons 69

Rufin Mellentin
    Zwischen Hybris und Katastrophe:
    Napoleons Russlandfeldzug aus operativer Sicht 79

Volker Hartmann
    Zwischen Hybris und Katastrophe:
    Napoleons Russlandfeldzug aus Sicht des Sanitätsdienstes 91

Wolfgang Kösel
    Die Völkerschlacht bei Leipzig aus der Sicht der Militärmedizin 105

Vorwort der Herausgeber

Mit dem fünften Referateband unserer „Gesellschaft für Geschichte der Wehrmedizin e. V." (GGWM) freuen wir uns, alle Vorträge veröffentlichen zu können, die im Rahmen des 5. Wehrmedizinhistorischen Symposiums am 19. November 2013 gehalten wurden. – Das Symposium wurde erneut gemeinsam mit der Sanitätsakademie der Bundeswehr durchgeführt. Im Hinblick auf einen bedeutsamen militärgeschichtlichen Gedenktag, 2013 jährte sich die Völkerschlacht bei Leipzig zum 200. Mal, war die Veranstaltung in zwei Sektionen gegliedert, die zum einen den Themenbereich Tradition und zum anderen und die historische Betrachtung dieses Ereignisses zum Inhalt hatten.

Die ersten zwei Beiträge des Bandes beschäftigen sich zunächst mit der Tradition der Bundeswehr im Allgemeinen sowie mit der Tradition an der Sanitätsakademie im Speziellen.

Oberregierungsrat Dr. Eberhard Birk von der Offizierschule der Luftwaffe der Bundeswehr untersucht in seinem Beitrag „Bundeswehr und Tradition. Alte und neue Aspekte einer endlosen Diskussion" eine Problematik, die die Bundeswehr seit ihrer Gründung beschäftigt. Ausgehend vom Traditionserlass von 1982 mit den drei Traditionslinien hält er fest, dass Tradition und Militärgeschichte die zwei Seiten einer Medaille sind und dass eine Weiterentwicklung der Tradition ein entsprechendes Geschichtswissen voraussetzt. Deutlich differenziert Dr. Birk zudem zwischen Tradition und soldatischen Tugenden wie Tapferkeit, Disziplin sowie Gehorsam.

Es wird auch aufgezeigt, dass Deutschland, im Gegensatz zur britischen Militärtradition mit ihren ungebrochenen Kontinuitätslinien, seit dem Ende des Heiligen Römischen Reiches Deutscher Nation 1806 bis heute fast in jeder Generation ein neugeschaffenes Staatswesen und damit verbunden auch eine Vielzahl von Armeen hatte, so dass es immer schwierig sein wird, eine Kontinuität aufzuzeigen. Dies führte natürlich auch schon beim Aufbau der Bundeswehr zu grundlegenden Diskussionen, wie man ohne Anlehnung an die Formen der alten Wehrmacht etwas Neues schaffen könnte. Die Konzeption der „Inneren Führung" wie auch das Bild des „Staatsbürgers in Uniform" waren hier grundlegende Antworten.

Aber unser Traditionsverständnis wird sich weiterentwickeln. Grundlegende Veränderungen bei den Aufgaben der Bundeswehr mit einer Vertiefung der multinationalen Zusammenarbeit im Kampf gegen den Terrorismus, dazu die Neugliederung der Bundeswehr und Abschaffung der Wehrpflicht werden dazu führen, dass der Traditionserlass fortgeschrieben werden muss, was auch aktuelle Diskussionen zeigen.

Flottenarzt Dr. Volker Hartmann von der Sanitätsakademie der Bundeswehr referiert über „Tradition und berufliches Selbstverständnis an der Sanitätsakademie der Bundeswehr". Zum 50jährigen Jubiläum der Sanitätsakademie wurde feierlich das neue Foyer im Hauptgebäude eröffnet. Ziel des Beitrags ist es, neben besonderen Aspekten zur politisch-historischen Bildung sowie zur Standortbestimmung des Sanitätsdienstes auch dessen Traditionslinien aufzuzeigen. In diesem Vortrag wurden die Überlegungen zur Neukonzeption wie auch der gestalterische Ansatz ausführlich dargelegt. Als zentrale Ausbildungsstätte des Sanitätsdienstes hat die Sanitätsakademie natürlich eine besondere Verpflichtung, die historisch-politische Bildung ihrer Lehrgangsteilnehmer zu fördern. Auf Stelen werden die Leistungen des Sanitätsdienstes im Einsatz dargestellt sowie an die preußische Heeresreform zu Beginn des 19. Jahrhunderts, an die Berliner Pépinière als prägende militärärztliche Bildungsanstalt, an den militärischen Widerstand gegen das NS-Regime und an die Sanitätsdienste der verschiedenen deutschen Armeen im 19. und beginnenden 20. Jahrhundert erinnert. Aber auch die Verpflichtung des Sanitätspersonals auf das humanitäre Völkerrecht wird angesprochen. Abschließend werden in diesem Beitrag die Überlegungen zur Formulierung eines neuen Selbstverständnisses des Sanitätsdienstes der Bundeswehr dargelegt, welches im Juli 2015 durch den Inspekteur des Sanitätsdienstes in Erlassform gegossen wurde.

Den 200. Jahrestag der Völkerschlacht bei Leipzig zum Anlass nehmend, steht der zweite Teil des Bandes ganz im Zeichen dieses wichtigen Kapitels der deutschen wie der europäischen Militärgeschichte. Dabei wird nicht nur die Schlacht selbst beleuchtet, sondern mit dem Russlandfeldzug Napoleons wird ein wichtiges Ereignis thematisiert, das sicherlich unmittelbar auf den Verlauf der Kampfhandlungen 1813 Einfluss hatte.

Oberstleutnant M. A. Mirko Urbatschek, Lehrstabsoffizier an der Sanitätsakademie der Bundeswehr, führt mit seinem Beitrag „Europa in der Ära Napoleons" in das

Thema ein, kontextualisiert zunächst die politische Entwicklung Europas im frühen 19. Jahrhundert und schildert die Verläufe sowie die Ergebnisse der fünf Befreiungskriege im Zeitraum von 1792 bis 1809. Im zweiten Abschnitt seines Artikels wird der persönlichen Einfluss Napoleon Bonapartes auf die Organisation und Kampfkraft der Grande Armée untersucht, wobei der Autor herausarbeitet, dass sich bereits zu Beginn des Russlandfeldzuges Anzeichen von innen- und außenpolitischen Schwächen im „System Napoleon" zeigten.

Die beiden folgenden Aufsätze gehören thematisch eng zusammen. Oberstleutnant Dipl.-Kfm. Rufin Mellentin, Fachlehrer an der Offizierschule der Luftwaffe in Fürstenfeldbruck, beleuchtet unter dem Titel „Zwischen Hybris und Katastrophe: Napoleons Russlandfeldzug aus operativer Sicht" zunächst kenntnisreich und detailliert den Verlauf des Russlandfeldzuges 1812 nach Überschreiten der Memel bis zum Rückzug der Grande Armée über die Beresina. Entscheidend waren dabei sicherlich die Schlachten von Smolensk und Borodino, in denen es Napoleon nicht gelang, die russischen Kräfte vernichtend zu schlagen. Der Brand von Moskau besiegelte letztlich das Scheitern des französischen Kaisers, der vergeblich auf ein Friedensangebot des Zaren setzte, und zwang ihn zu einem verlustreichen Rückmarsch.

Anschließend schildert Flottenarzt Dr. Volker Hartmann in seinem Beitrag „Zwischen Hybris und Katastrophe: Napoleons Russlandfeldzug aus Sicht des Sanitätsdienstes" die medizinischen Herausforderungen vor und während der sowie auch nach den Kampfhandlungen. Der französische Sanitätsdienst dieser Zeit ist eng mit dem Namen Baron Dominique-Jean Larrey verbunden, der Napoleon als Chef-Chirurg der kaiserlichen Garde auf vielen Kriegszügen begleitete. Das Ziel der Ärzte war es, Verwundete nach erfolgter Erstversorgung (Stoppen von Blutungen und Anlegen von Verbänden) mittels „ambulances volantes" – sogenannten „fliegenden Ambulanzen" – schnellstmöglich hinter die eigenen Linien zu transportieren, wo sie chirurgisch versorgt werden konnten. Wundinfektionen, Typhus und Ruhr sowie andere übertragbare Krankheiten stellten dabei die größte Gefahr für die Soldaten dar und bedingten ein unvorstellbares Elend und eine enorm hohe Zahl an Toten.

Zum Abschluss beleuchtet Wolfgang Kösel „Die Völkerschlacht bei Leipzig aus der Sicht der Militärmedizin". Ausführlich beschreibt der Autor die vor Ort eingesetzten bespannten Sanitätswagen („ambulances volantes"), ihre Einbettung in das

System der sanitätsdienstlichen Versorgung sowie dessen Gliederung, für das der bereits erwähnte Baron Dominique-Jean Larrey, später auch als „Chirurg Napoleons" bezeichnet, verantwortlich war. Mit Hilfe zeitgenössischer Zitate gelingt es dem Autor, Leid und Elend der Verwundeten plastisch darzustellen. Mit dem fluchtartigen Abzug der Franzosen wurden die meisten Verletzten und Kranken sich selbst überlassen, was die Zahl der Toten nochmals erhöhte.

Die aktuellen Diskussionen zeigen, wie wichtig es auch weiterhin ist, sich mit dem Thema Tradition und Geschichte auseinanderzusetzen. Unser Anliegen ist es, mit den vorliegenden Beiträgen einerseits das Interesse an der wissenschaftlichen Auseinandersetzung mit einem wichtigen Abschnitt europäischer Geschichte zu wecken, andererseits aktuelle Aspekte zum Umgang mit Tradition darzustellen und zur Diskussion anzuregen.

Für die Herausgeber
Erhard Grunwald und André Müllerschön

Teil 1

Tradition in Bundeswehr und Sanitätsdienst

Bundeswehr und Tradition. Alte und neue Aspekte einer endlosen Diskussion
THE BUNDESWEHR AND TRADITION: OLD AND NEW ASPECTS OF A NEVER-ENDING DISCUSSION

von Eberhard Birk[1]

„Eine Tradition selber zu schaffen, ist viel schwieriger, aber auch großartiger, als sie in den Resten und Formen verjährter Gesinnungen zu suchen und zu pflegen."[2]

Zusammenfassung:
Tradition war in allen Armeen zu jeder Zeit ein soldatisches Bedürfnis – und ist es bis heute. Daher ist auch die Diskussion um das Traditionsverständnis der Bundeswehr so alt wie diese selbst. Meist wird dabei Tradition als Synonym von Militärgeschichte oder Weitergabe „überzeitlich" gültiger soldatischer Kerntugenden wie Tapferkeit, Disziplin, Gehorsam etc. verstanden. Wer alte Elemente einer nationalen Militärgeschichte als nicht mehr zeitgemäß kritisiert, sieht sich jedoch oft mit dem Vorwurf konfrontiert, „Geschichtsklitterung" betreiben zu wollen. Tatsächlich ist das Aufsuchen einer den „demokratischen Grundsätzen" der Staatsbürgerarmee der Bundesrepublik Deutschland verpflichteten Militärtradition nicht einfach, da sich sämtliche Armeen vor der Bundeswehr fundamental von dieser in ihrem Selbstverständnis unterscheiden. Die Identität stiftende Kraft von Tradition ist aber nur dann erkennbar, wenn dem „Staatsbürger in Uniform" eine historische Tiefendimension aufgezeigt werden kann. Hierfür ist das gegenwärtige Politik- und Werteverständnis in Staat und Gesellschaft ein limitierender Faktor bei der Suche nach dem „gültigen Erbe des deutschen Soldaten". Der Wertebezug ist der „Anker" für den sittlichen Rückhalt soldatischer Tugenden.
Vor dem Hintergrund des „Traditionserlasses" der Bundeswehr aus dem Jahr 1982 haben sich drei Traditionslinien herauskristallisiert:

(1.) Die Preußischen (Heeres-)Reformen zu Beginn des 19. Jahrhunderts,
(2.) der Militärische Widerstand gegen Hitler und das NS-Regime sowie
(3.) die Geschichte der Bundeswehr.

Aufgrund des sicherheitspolitischen Paradigmenwechsels seit dem Mauerfall im annus mirabilis haben sich fast alle Rahmenbedingungen gegenüber dem Zeitpunkt der Herausgabe dieses Erlasses verändert. Insbesondere die „Einsatzrealität" der „Parlamentsarmee" Bundeswehr lässt vermuten, dass sich – zunächst bei den Soldatinnen und Soldaten in der Truppe – ein neues Selbst-, aber auch Traditionsverständnis entwickeln wird. Beide haben neben einer nationalen auch eine europäische Dimension. Für beide kann es sich empfehlen, die „gordische" Komplexität der Begriffe Tradition, Brauchtum, Konvention, Werte und Tugenden durch den Begriff des „Ethos" zu ersetzen.

Schlüsselwörter:
Tradition, Traditionsverständnis Bundeswehr, Traditions-Erlass, Werte und Tugenden, Selbstverständnis, Ethos, Preußische Heeresreform, Militärischer Widerstand, Geschichte der Bundeswehr, Innere Führung, Staatsbürger in Uniform, Nationales Traditionsverständnis, Europäisches Traditionsverständnis

Summary:
In every army of every era, soldiers have felt the need for military traditions. The debate about tradition in the Bundeswehr is thus as old as the Bundeswehr itself. Tradition is usually understood as the transmission of timeless core military virtues such as courage, discipline, obedience, etc. or as a synonym for military history. Critics who claim that old elements of national military history are outdated, however, frequently find themselves confronted with accusations of distorting history.
In actual fact, it is difficult to find a military tradition that conforms to the democratic principles of the Bundeswehr, an army of „citizens in uniform", because all German armies that came before it had a fundamentally different identity. Tradition, however, can only provide identity if soldiers are given a historical perspective. In this context, current political views and moral values in state and society represent a limiting factor in „the search for the legitimate heir of the German soldier".
Three lines of tradition have taken form in the wake of the 1982 Bundeswehr Directive on Tradition:

(1) the reforms of the Prussian army at the beginning of the 19th century,
(2) military resistance against Hitler and the Nazi regime and
(3) the history of the Bundeswehr.

As a result of the paradigm shift in security policy that took place after the fall of the Berlin Wall in the *annus mirabilis* of 1989, the situation is now almost completely different from the time when the directive was issued. As a result in particular of the experience of operations, the Bundeswehr (an army under parliamentary control) will likely develop – starting at troop level – a new identity and new traditions. Both have a national and a European dimension, and both may benefit from replacing the complex cluster of the terms „tradition", „custom", „convention", „values" and „virtues" with the term „ethos".

Keywords:
tradition, concept of tradition in the Bundeswehr, Directive on Tradition, values and virtues, identity, ethos, Prussian army reform, military resistance, history of the Bundeswehr, leadership development and civic education („Innere Führung"), citizen in uniform, national traditions, European traditions

Problemaufriss und Grundlagen

Tradition und Militärgeschichte sind zwei Seiten derselben Medaille. Tradition ohne Militärgeschichte eruieren und kultivieren zu wollen, kann daher nicht funktionieren. Für das Selbstverständnis von Armeen und Soldaten ist ein Orientierungswissen über beide unerlässlich. Dabei muss resp. kann es nicht nur um das „Bauchgefühl" oder das Nacherzählen von vermeintlichen „Höhepunkten" nationaler Armeegeschichten gehen – so sehr dies alles umgangssprachlich noch immer unter dem Begriff der Tradition firmiert. Dem militärischen Traditionsbegriff wird dabei neben der Kultivierung vermeintlich zeitloser soldatischer Tugenden wie Tapferkeit, Disziplin, Gehorsam, Loyalität etc. gewöhnlich die Bedeutung einer nicht hinterfragten, legitimierenden Überlieferung des Herkommens mit einem fließenden Übergang zum Brauchtum, zur Konvention, zur Gewohnheit, zur Gepflogenheit beigemessen. Diese umgangssprachliche Unschärfe ist der Grund dafür, dass es über militärische Tradition viele Bücher, Beiträge und Meinungen gibt, ohne dass eine definitorische Klärung der Begriffe Vergangenheit und Geschichte, Tradition und Brauchtum sowie soldatische Tugenden und Werte vorgenommen worden wäre.

Zunächst zur Abgrenzung zur Geschichte: Die Bezugnahme zur „Negativfolie" Geschichte ist eine unverzichtbare Grundlage jeder Traditionsbildung. Neben unzähligen Theorien über Geschichte, ihre Subdisziplinen sowie deren Spann- und Tragweiten, mag hier als Arbeitsbegriff genügen, sie als die geistige Form, in der eine Kultur oder Nation sich Rechenschaft über ihre Vergangenheit gibt, zu verstehen, womit sie sich wieder von der unterschiedslosen Ansammlung von „Vergangenheit" unterscheidet. Die Vergangenheit ist ein unumkehrbarer und abgeschlossener Prozess; die Geschichte ist eine geistig durchdrungene (Re-)Konstruktion derselben. Durch die fortschreitende Forschung ist die kritisch-reflexive Betrachtung der Geschichte Wandlungen unterworfen – mit Auswirkungen auf die „Geschichtspolitik", die in der Öffentlichkeit unterschiedlich rezipiert wird. Dies hat auch Folgen für die Traditionsbildung.

Das militärische Brauchtum, zum Teil gewonnen aus vor- oder gar dezidiert antidemokratischer Zeit, bietet durch die Konstruktion und Kontinuität militärischer Gepflogenheiten, deren Ursprung, Sinn und Bedeutungsinhalt gelegentlich in Vergessenheit geraten sind, eine generationenübergreifende Verhaltens- und Orientierungssicherheit. Da in ihnen oftmals das Bleibende im Wechsel gesehen wird, entstand der Eindruck, sie seien traditionsstiftend. Durch eine weitere begriffliche Unschärfe entstand das zweite verbreitete Missverständnis, die „soldatischen" Tugenden Tapferkeit, Disziplin, Gehorsam, Loyalität etc. seien militärische Tradition. Indes, diese Tugenden finden in jedem Organisationssystem ihre Verwendung – weder SS und Mafia noch Feuerwehr, Polizei und Streitkräfte in demokratischen Staaten können darauf verzichten. Die Transformation von Tugenden zu „soldatischen Werten" ermöglichte es den Soldaten, sich auf das „Unpolitische" zurückzuziehen. Damit existierte immer eine übergeordnete Verantwortungsinstanz, deren Befehle lediglich befolgt wurden; der Soldat konnte sich „professionell" auf sein vermeintlich einziges und „eigentliches" Metier, das Kämpfen, zurückziehen: Die Tugenden ersetzten die Werte, das „Wie?" wurde wichtiger als das „Wofür?"; die klassische Adjektiv-Akkumulation (tapfer, diszipliniert, treu, gehorsam etc.) kann deshalb nicht traditionsstiftend sein. Die Tugenden bekommen ihren sittlichen Wert erst durch den Bezug auf einen Wertekanon, für den sie eingefordert werden; dieser wäre in demokratisch legitimierten Staaten: Menschenwürde, Rechtstaatlichkeit,

Freiheit. Diesem unverrückbaren Grundsatz hat sich auch die militärische Traditionsbildung zu fügen.
Gleichwohl ist zu berücksichtigen, dass Tradition beim Militär keine rein „akademische Angelegenheit" ist – sie hat vielmehr auch einen gegenwartsbezogenen pragmatischen Grund: Armeen ging es dabei stets um das Herstellen von soldatischer Handlungssicherheit bei sich (rasant) verändernden Rahmenbedingungen (Politik, Gesellschaft, Auftrag, Waffen), um die Identitäts- und Sinnstiftung, um die Kohärenz einer Funktionselite, aber auch das Verarbeiten existentieller Erfahrungsräume wie Tod, Verwundung, Verlust und Traumata.
Und diese Punkte haben auch für die „Einsatzarmee" Bundeswehr seit den sich fast überholenden sicherheitspolitischen Paradigmenwechseln eine zuvor ungeahnte Relevanz erhalten:

> „Tradition [...] hilft den Soldatinnen und Soldaten bei der Bestimmung ihres Berufs- und Selbstverständnisses. Sie dient der Selbstvergewisserung, ordnet ihr Handeln in den größeren Zusammenhang der Geschichte ein und gibt ihnen Orientierung für militärisches Führen und Handeln. Die Pflege von Tradition leistet deshalb einen unverzichtbaren Beitrag für die Bundeswehr als Armee im Einsatz"

– so wurde dies in der geradezu typischen Bundeswehr-Prosa in der Vorschrift „Innere Führung" im Punkt 630 formuliert, ohne dass diese Ausführungen dann eine folgende, präzisierende Begründung, eine allgemeine „Richtung" oder gar eine Ausfüllung mit Beispielen erhalten hätten.
Aber vielleicht war dies zunächst auch gar nicht anders zu erwarten. Denn in Zeiten des Wandels, in den Wirren der Ungewissheit können alte Gewissheiten, die in vergangenen Zeiten und – militärisch gewendet – ihrem „Kriegsbild" mentale Stabilität verliehen haben, nicht immer ihre Relevanz behalten. Andererseits: Benötigen Armeen nicht gerade in Zeiten des Wandels tragende Fundamente? Schließlich brauchen ja auch Bäume Wurzeln, um Stürmen zu trotzen. Je tiefer sie ragen, desto sicherer stehen sie im Sturm!? Indes: Es kann gleichwohl der Zeitpunkt eintreten, an dem der Sturm den Baum kippt. Dies geschieht, wenn die Wurzeln oder der Stamm morsch oder schwach sind – oder der Wind zu stark. Gegen seine Kraft sind Sträucher oder Gräser unempfindlich. Aber: Metaphern haben Grenzen. Und alte

und gewachsene Armeen können genauso wenig wie die unterschiedlichsten Bäume „zurückwachsen".

Es ist offensichtlich, dass unterschiedliche Verläufe nationaler Militärgeschichten unterschiedliche Traditionen begründet haben. Komplexe und von Brüchen durchzogene Militärgeschichten wie im Falle Deutschlands mit seinen verschiedenen Facetten müssen sich gravierend von einem vermeintlichen „Idealtypus" der britischen Militärtradition und deren stilbildenden Überlieferung unterscheiden. Im Klartext: Der britische Soldat weiß von Anfang an, was seinen „Haufen" – das Regiment – über Jahrhunderte zusammengehalten hat. Und: Es war – niemals hinterfragt – immer die richtige Sache, für die er gekämpft hat. Pointiert formuliert: Über Tradition wird nicht diskutiert, Tradition wird gelebt. Aber die britische Tradition hat es auch sehr viel einfacher – hier gibt es ungebrochene Kontinuitätslinien:

1. Eine Jahrhunderte umfassende Geschichte der Monarchie bis in die Gegenwart,
2. Regierungen, deren Außen-, Sicherheits-, Verteidigungs- und Militärpolitik unabhängig von der „politischen Farbenlehre" durch und durch „konservativ" ist sowie
3. Regimenter, deren Ursprung teilweise bis weit in die Zeit vor der Französischen Revolution zurückreicht.

Ganz anders verhält sich dies im „Sonderfall" Deutschland. Seit dem Untergang des Heiligen Römischen Reiches Deutscher Nation im Jahre 1806 besaßen die „Deutschen" fast für jede Generation ein neues Staatswesen – die Stationen im Überblick: Rheinbund, Deutscher Bund, die „deutsche Frage" zur Revolutionszeit von 1848/49 mit ihren unterschiedlichen kleindeutschen, großdeutschen und gar fast mittel(ost-)europäischen „Hoffnungen", später dann der Norddeutsche Bund, das Kaiserreich, die Weimarer Republik, das „Dritte Reich" mit anschließender Besatzungszeit als dessen Folge bzw. als Ausgangspunkt der „Doppelstaatlichkeit" mit Bundesrepublik und DDR, bevor es erst 1990 gelang, das erste Mal in der deutschen Geschichte „Nation" und „Freiheit" in einem deutschen Staat zu vereinigen! Und zu den Staatsformen kamen noch die unterschiedlichsten Regierungsformen resp. politischen Kulturen hinzu: absolute und beschränkte Monarchie, linke und rechte Diktaturen sowie Demokratien unterschiedlichen Grades. Und alle Staaten zusammen besaßen unzählige Armeen: die Kontingentsheere des Deutschen Bundes, die königlichen Heere Preußens, Bayerns, Sachsens und Württembergs neben einer nationalen Marine im Kaiserreich, die Reichswehr, die Wehrmacht, die NVA sowie die „alte" und nun „neue" Bundeswehr. Es bedarf wohl kaum einer ausführlichen Erläuterung, dass es deshalb schwierig war, ist und wohl auch bleiben wird, dabei eine „rote Linie" aufzufinden.

Bereits vor diesem Hintergrund wird klar: „Bundeswehr und Tradition" ist ein Themenkomplex, der besonders schwierig zu fassen ist. Die Traditionsfrage in der Bundeswehr hat daher selbst schon eine Jahrzehnte umfassende „Tradition". Trotz unzähliger „alter" Armeen aber drehte sie sich stets um die Frage der Traditionswürdigkeit der Wehrmacht für die Bundeswehr. Frei von Animositäten waren diese Diskussionen mit ihren gegenseitigen Vorwürfen der Debattenteilnehmer nie: Was dem Einen als zu bewahrendes Erbe der stets tapfer kämpfenden Kameraden und diszipliniert ihren Eid einhaltenden Vorväter eine wachzuhaltende Verpflichtung war, galt dem Anderen durch die Vorgeschichte des deutschen Militärs und dessen Verstrickung in den von Anfang an rassenideologisch motivierten „Vernichtungs-(Feld)Kreuzzug" im Rahmen des „Unternehmens Barbarossa" als Tiefpunkt resp. „Ursünde" der deutschen Militärgeschichte. Wenn die einen ein „damnatio memoriae" beklagten, wollten die anderen einen „Neuanfang". Gleichwohl wollten beide nicht auf „Tradition" verzichten. Indes: Was den einen als überzeitliches Kriterium soldatischen Dienens galt – die Gesamtheit der soldatischen Tugenden –, sollte für die anderen nur dann als zu bewahrendes Erbe hervorgehoben werden, wenn es sich mit dem Wertegefüge der Bundesrepublik Deutschland verbinden ließ. „Lösen" ließ sich dieser Traditionsdisput nie, da die einen mehr die „Seele" und den „Bauch" des Soldaten in den Vordergrund stellten, die anderen an den „Kopf" und den „Verstand" appellierten.

Diese Doppelpoligkeit der Traditionsdebatte erhielt mit dem Zusammenwachsen der Deutschen und ihrer beiden Armeen mit dem 3. Oktober 1990 scheinbar eine Achsenverschiebung, verstanden sich doch die NVA resp. deren Apologeten als Verkörperung bzw. Bewahrer des sozialistischen Friedensideals. Doch bevor eine derartige Diskussion erschöpfend in Gang gesetzt resp. abgeschlossen wurde, befand sich die „Neue Bundeswehr" – mit ehemals west- und ostdeutschen Soldaten sowie kurz danach auch mit Soldatinnen – schon längst auf dem Weg zur „Einsatzarmee", die vor dem Hintergrund der Globalisierung jeglicher Politikfelder im Auftrag des Souveräns und als „Parlamentsarmee" ihre Erfahrungen auch „unter Feuer" zu machen hatte – und dies parallel zu einem „Schrumpfungsprozess", der sie perspektivisch zu einer Größe zu führen droht, die die einstige Reichswehr der Weimarer Republik hatte. Alleine damit hätte man fünf deutsche Armeen aus einem Dreivierteljahrhundert „ins Spiel" gebracht, die sich jeweils von allen anderen grundsätzlich in Charakter, Struktur, Auftrag und Selbstverständnis unterscheiden. Gleichwohl: Tradition war, ist und bleibt ein soldatisches Bedürfnis. Aber eine gewünschte „rote Linie" wird niemals eine „gerade Linie" sein – schon gar nicht, wenn es um das Aufsuchen *einer* Traditionslinie geht. Und vielleicht kommt dies dem Soldaten auch am weitesten entgegen. Denn einem „Staatsbürger in Uniform", der sich bekanntlich aus den drei Fundamentalaxiomen „Freier Mensch", „Verantwortungsbewusster Staatsbürger" und „Einsatzbereiter Soldat" zusammensetzt, darf kein geschlossenes Geschichtsbild verordnet werden, aus dem sich kritiklos einzuhaltende „Traditionsbausteine" in Form eines „Katechismus" ableiten lassen.

Bevor nach diesen einführenden Überlegungen auf der Grundlage des immer noch gültigen „Traditionserlasses" von 1982 (II.) das gegenwärtige Traditionsverständnis der Bundeswehr (III.) zu skizzieren und nach Optionen der Weiterentwicklung (IV.) zu suchen ist, macht ein Rückblick auf die Schwierigkeiten der Traditionsfindung und -bildung in der Anfangszeit der Bundeswehr (I.) durchaus Sinn, kann man dadurch doch die die Bundeswehrgeschichte begleitenden Auseinandersetzungen um das „Erbe des deutschen Soldaten" besser nachvollziehen.

I. Auf der Suche nach einer „alten Tradition" in einer „neuen Welt"

Nach dem Schrecken des Zweiten Weltkrieges schien es für fast alle Deutschen ausgeschlossen, jemals wieder über deutsche Streitkräfte zu verfügen. Nach der ominösen „Stunde Null" im Mai 1945 stand der Überlebenskampf ohne Waffen im Zentrum. Gleichwohl zwang der heraufziehende „Kalte Krieg" die Deutschen auf beiden Seite der Systemgrenze wieder „in die Linie". Beide Hegemonialmächte schufen sukzessive ihre (Militär-)Allianzen. Und sie benötigten deutsche Soldaten – zur Steigerung des Umfangs ihres Streitkräfteformationen wie auch aufgrund ihrer Expertise. Für beide deutschen Regierungen wurden ihre neu aufzustellenden Armeen auch ein Vehikel zur Erlangung ihrer „Teil-Souveränität".

Die beiden neuen deutschen Staaten benötigten aber auch eine neue Tradition für ihr Selbstverständnis. Gleiches galt selbstverständlich auch für ihre Armeen – die

Bundeswehr wie auch die NVA. Eine sozialistische Diktatur konnte dies leichter anordnen als eine Armee in einer pluralistischen Demokratie: Tradition in einem geschlossenen System zu befehlen, ist einfacher als in einer freiheitlichen und demokratischen Grundordnung im Diskurs über sie zunächst zu reflektieren, um sie dann als sinnvoll anzunehmen. Daher soll hier auch das Traditionsverständnis der Bundeswehr im Zentrum der weiteren Ausführungen stehen.

Die Frage nach „der Tradition" entstand schon, bevor es überhaupt eine neue Armee gab. Sie war für viele „Veteranen" eine „Herzensangelegenheit" – im Bestreben, den eigenen Handlungen im Zweiten Weltkrieg zumindest jenen Sinn abzugewinnen, vorbildlich ihrem militärisch-funktionalen und vermeintlich „unpolitischen" Handwerk nachgegangen zu sein, und damit ein Fundament für den „Geist" einer neu aufzustellenden Armee gelegt zu haben. Dass sich indes die neue Armee von Grund auf von den alten Armeen – und erst recht von der Wehrmacht – zu unterscheiden hatte, lässt sich auf zwei Grundtatsachen zurückführen: erstens den Kalten Krieg und zweitens die Belastung alles Militärischen durch die Vergangenheit. Beide standen Pate bei der Aufstellung einer Armee „neuen Typs" – und beide machten die „Suche nach dem gültigen Erbe des deutschen Soldaten" nicht einfacher.

In der „Himmeroder Denkschrift" vom 9. Oktober 1950 wurde für das „Innere Gefüge" der neuen Armee, damals noch zu sehen vor dem Hintergrund von bevorstehenden EVG-Verhandlungen für eine „Europa-Armee", sehr ambitioniert die Zielvorstellung formuliert, „ohne Anlehnung an die Formen der alten Wehrmacht grundlegend Neues schaffen" zu wollen. „Formen" aber sind leichter zu verändern als der „Geist" der Soldaten – erst recht, wenn die „alten" Soldaten mit ihrer Fachexpertise vor dem Hintergrund einer gegenüber dem Vergangenen fundamental geänderten innen- und außenpolitischen Situation wieder benötigt werden. Nirgends wurde dies pointierter zum Ausdruck gebracht als in Bundeskanzler Adenauers Antwort bei der Pressekonferenz nach der Unterzeichnung der Pariser Verträge am 23. Oktober 1954 auf die Frage eines Journalisten – „Herr Bundeskanzler, werden die Generäle Adolf Hitlers auch die Generäle Konrad Adenauers sein?" –: „Ich glaube, daß mir die NATO achtzehnjährige Generäle nicht abnehmen wird."
Tatsächlich entließ der Kalte Krieg mit seinen ideologischen und machtpolitischen Implikationen die Deutschen bekanntlich nach einer de facto nie stattgefunden „Stunde Null" nicht ins weltpolitische Abseits – und er ließ auch kaum die Zeit

über das Vergangene zu reflektieren. Die Verfestigung der neuen „Fronten" im Herzen Europas verlangte schnell nach deutschen Soldaten. Es waren dabei fast mehr die späteren Verbündeten im Westen – mit Ausnahme Frankreichs –, die die Deutschen dazu drängten, als deren ursprünglicher Wille – mit Ausnahme „interessierter Kreise" – zur Aufstellung neuer Streitkräfte. Aber die Bundesrepublik lag nun einmal an der neuen „Systemgrenze", an der kein machtpolitisches Vakuum gegenüber den starken „im Osten" vorgehaltenen Streitkräften entstehen sollte. Indes: Um ein konventionelles Gegengewicht gegen die sowjetischen Streitkräfte unter deutscher Beteiligung aufzubauen, war eben auch die „Expertise" ehemaliger Truppenführer der Wehrmacht gefragt. Schließlich hatten weder die US-Amerikaner, noch die Briten oder Franzosen Erfahrungen gegen den „Feind der Zukunft" vorzuweisen. Mit der „Expertise" der Wehrmachtsgeneralität rettete sich aber in weiten Teilen auch deren „Geist" in die Anfangs- und Aufstellungsphase der neuen Bundeswehr.

Historisch betrachtet wäre es naiv davon auszugehen, sie seien quasi über Nacht zu entschiedenen Verfechtern einer freiheitlichen und demokratischen Grundordnung des neuen deutschen Staates geworden. Die integrierende Klammer war vielmehr der entschiedene Anti-Kommunismus, der sie mit der demokratischen Staatsräson der Bundesrepublik verband.

Mit der Aufstellung der Bundeswehr hatten alle Soldaten – bei nicht wenigen verbunden mit mentalen Hemmnissen – ihr ideelles Selbstverständnis, nicht zuletzt auch aufgrund ihres Eides, an der freiheitlichen und demokratischen Grundordnung der Bundesrepublik auszurichten und für das neue Bild des deutschen Soldaten Grundtatsachen zu akzeptieren:

1. Die Bundeswehr wurde bei ihrer Entstehung 1955 in das bereits seit 1949 bestehende Verfassungsgefüge der Bundesrepublik zu ihrer Verteidigung und jener der Bündnispartner in der NATO eingebunden („Bündnis- und Verteidigungsarmee").
2. Die Bundeswehr unterliegt dem Primat parlamentarischer Kontrolle von Streitkräften in einer Demokratie („Primat der Politik" / „Parlamentsarmee").
3. Die komplett neue außen-, sicherheits- und verteidigungspolitische sowie innenpolitische Lage, aber auch die Rolle der Wehrmacht im NS-Staat und ihre Teilnahme an einem verbrecherischen Rasse- und Vernichtungskrieg machten ein neues Selbstverständnis des Bundeswehrsoldaten sowie eine neue

Führungskultur im Spannungsfeld von Staat, Politik, Gesellschaft und Militär zwingend notwendig („Innere Führung" / „Staatsbürger in Uniform").
Theodor Blank, der erste Verteidigungsminister der Bundesrepublik Deutschland, erläuterte die politische Zielvorgabe am 27. Juni 1955 vor dem Deutschen Bundestag:

„Wir wollen Streitkräfte in der Demokratie, die sich dem Vorrang der Politik fügen. Sie sollen die Grundsätze der Rechtsstaatlichkeit achten, die staatsbürgerlichen Grundrechte und Grundpflichten ernst nehmen und die Würde des Menschen anerkennen [...] Die Armee darf kein Staat im Staate sein. Die zivile Leitung muss den Vorrang der Politik sichern. Die parlamentarische Kontrolle soll stärker durchgeführt werden, als das früher in Deutschland der Fall war [...] Die Bundesregierung hat seit langem ihr besonderes Augenmerk auf die Gestaltung des inneren Gefüges der neuen Streitkräfte gerichtet. Sie hat es sich hierbei zur Richtschnur gemacht, die Freiheit des Staatsbürgers im militärischen Bereich nicht mehr einzuengen, als es die soldatische Aufgabe unbedingt verlangt."

Damit wurden die Konzeption der „Inneren Führung" und auch der „Staatsbürger in Uniform" als Antwort auf die deutsche Militärgeschichte geradezu „klassisch" formuliert. Die „Generale Hitlers", die auch jene Adenauers wurden, standen daher genauso wie die Politik beim Aufbau der Bundeswehr schnell vor der „Traditionsfrage". Und diese war mehr als diffizil. Die Herausforderung war mehrschichtig, galt es doch einerseits viele Wehrmachtsangehörige für den Dienst zu werben – mit Rücksicht auf deren lang- oder kurzfristige militärische Sozialisation in Reichswehr und Wehrmacht, die nicht pauschal diskreditiert werden sollte – und andererseits keinen Zweifel an der Loyalität zu den und der Bindung an die Prinzipien des demokratischen Dienstherren Bundesrepublik Deutschland aufkommen zu lassen.
Und diese Herausforderung begann ganz oben in den Rängen der Generalität. Für die meisten von ihnen war die Bundeswehr bereits die vierte Armee, in der sie ihrem vierten Staat dienten: von einem königlichen Kontingentsheer über Reichswehr und Wehrmacht in die Bundeswehr – verbunden darüber hinaus mit mehreren Eiden auf die unterschiedlichsten Dienstherren! Hinzu kam die Desavouierung der Potenzen Nation und Armee, was zu einem kompletten Traditionsbruch führte. Damit einher ging auch ein Verlust des früheren politischen und sozialen Status,

der sich zuvor stets in einem Führungs- und Mitentscheidungsanspruch bemerkbar machte. Nun aber standen die Militärs vor der Tatsache, dass nicht mehr „das Militär" da war und um dieses herum ein Staatswesen organisiert wurde – im Gegenteil: Ein demokratischer Staat funktionierte über sechs Jahre ohne Militär! Es ging zunächst also um den Erwerb von Vertrauen bei den neuen Alliierten, „der Politik" und der Gesellschaft.

Und da damit alle „natürlichen" Bezugspunkte für eine Militärtradition fehlten, war die Antwort der Spitzenmilitärs auf die Frage nach der Tradition zu Beginn der neuen Armee fast notgedrungen jene, die auf die „Truppenlösung" setzen musste: „Nicht daran rühren – eigene Traditionen wachsen lassen", so lautete die Maxime, die General a.D. Heusinger, später der erster Generalinspekteur der Bundeswehr, schon auf einer Tagung in Töniesstein am 16./17. September 1954 ausgegeben hatte. Diese Freiheit des Handelns nutzte die Truppe mit dem Entwickeln der unterschiedlichsten selbst gewählten Präferenzen: friderizianische Totenkopfhusaren standen neben SS-Männern, die „unpolitischen" Soldaten der Reichswehr neben Stalingrad-Kämpfern. Dass die lebenserfahrenen Soldaten der jungen und frühen Bundeswehr ihr Selbstverständnis an der indes nur vordergründig „unpolitischen" Professionalität ausrichten wollten, verdeutlicht die individuell-menschliche Dimension der Traditionsbildung, die der reflektierenden und kritischen (Selbst-)Infragestellung der eigenen Biographie mit einer konfrontativen Abwehrhaltung begegnet(e). Aber: Wie auch sollten die Soldaten einen idealisierten „Staatsbürger in Uniform" im Rahmen der Konzeption der „Inneren Führung" zu dieser Zeit als Vorbild empfinden – kann man sich selbst Vorbild sein?

Klar war für die politische Leitung des Ministeriums nur, dass keines der Truppen-„Vorbilder" als geeignet erschien. Mit neuen deutschen Streitkräften unter fundamental geänderten sicherheits- und gesellschaftspolitischen Rahmenbedingungen musste auch ein fundamental geändertes Traditionsbewusstsein einhergehen – „Primat der Politik". Die neue Armee konnte nicht auf alte „Traditionen" zurückgreifen. Wenn sich die Bundesrepublik Deutschland dem Staats- und Gesellschaftsbild des Westens näherte, konnte die bewaffnete Macht in diesem Staat militärischen Urbildern vergangener deutscher Armeen nicht huldigen, die diesen Vorstellungen diametral entgegenstanden. Um den Wildwuchs in den „Traditionsräumen" der Kasernen zu unterbinden, wurde am 1. Juli 1965 noch vor dem 10. „Geburtstag" der Bundeswehr ein erster „Traditionserlass" herausgegeben, dessen „Schicksal" es war, in der Truppe kaum Beachtung geschenkt zu bekommen. Zu einem Umdenken in Traditionsangelegenheiten kam es erst später – durch Druck „von außen" durch Parlament und Presse. In den Jahren 1976/77 wurde die Luftwaffe durch die „Rudel-Affäre" erschüttert und 1980/81 zog sich die Marine den Unmut des Ministeriums zu, weil es über das Wirken des Großadmirals a.D. Dönitz und seine „Würdigung" anlässlich seines Todes zu erheblichen Differenzen kam. Im politischen Raum von Parlament und Öffentlichkeit entstand so der Eindruck, dass die Bundeswehr mit ihrem „gelebten" und „empfundenen" Traditionsverständnis anscheinend nach wie vor an der Vorbildlichkeit einzelner Repräsentanten aus der Wehrmacht festhielt. Dabei wurde weniger unterstellt, dass etwa ein „nationalsozialistischer Geist" in der Truppe bestünde, als dass es vielmehr an einer kritischen Differenzierungsfähigkeit zwischen soldatischen Tugenden und den politischen Zielen, für die diese eingesetzt bzw. erbracht wurden, mangele. Dies schien auch deshalb bedenklich, weil die militärhistorische Forschung zu diesem Zeitpunkt schon längst die Legende von der vermeintlich „sauberen Wehrmacht" endgültig widerlegt hatte.

II. Der (2.) „Traditionserlass"

Verteidigungsminister Hans Apel (SPD) nahm all dies zum Anlass, mit einem (2.) „Traditionserlass" vom September 1982[3] für größtmögliche Klarheit zu sorgen. Von den insgesamt 30 Punkten der „Richtlinien zum Traditionsverständnis und zur Traditionspflege in der Bundeswehr" gilt es hier vier zentrale hervorzuheben.
Im ersten Punkt erfolgte eine „Definition":

„Tradition ist die Überlieferung von *Werten* und Normen. Sie bildet sich in einem Prozeß *wertorientierter Auseinandersetzung* mit der Vergangenheit. Tradition verbindet die Generationen, sichert Identität und schlägt eine Brücke zwischen Vergangenheit und Zukunft."

Die „Werte und Normen" sind dabei jene, die im Grundgesetz der Bundesrepublik Deutschland als Richtschnur staatlichen Handelns verpflichtend grundgelegt sind. Sie lassen sich mit folgenden Stichworten (vgl. auch A-2600/1 [alt: ZDv 10/1]: Innere Führung. Selbstverständnis und Führungskultur der Bundeswehr, Pkt. 304) zusammenfassen: Menschenwürde, Freiheit, Frieden, Gerechtigkeit, Gleichheit,

Solidarität und Demokratie. Damit ist offensichtlich, dass der soldatische Dienst seinen sittlichen Wert erst durch den Bezug zu einem Wertegefüge bekommt. Dem gegenüber besitzen die stets unverzichtbaren soldatischen Tugenden wie Tapferkeit, Disziplin, Kameradschaft, Loyalität etc. nach wie vor eine überzeitliche Gültigkeit. Die Tugenden beschreiben indes nur die Frage des „Wie" der Dienst auszuüben ist – nicht „Wofür" er zu leisten ist. Damit erfolgte eine klare Absage an die alleinige Kultivierung dessen, was als soldatische Tugenden bekannt ist. Denn diese Tugenden können, insbesondere dann, wenn sie für ein verbrecherisches Regime eingesetzt wurden, für den kritisch reflektierenden, der freiheitlich demokratischen Grundordnung verpflichteten „Staatsbürger in Uniform" nicht vorbildlich sein. Präzisiert wurde diese generelle Aussage in Punkt 2, der die „Grenzen" verdeutlichte:

> „*Maßstab* für Traditionsverständnis und Traditionspflege sind das *Grundgesetz* und die der Bundeswehr übertragenen Aufgaben und Pflichten [...] Die Darstellung der Wertgebundenheit der Streitkräfte und *ihres demokratischen Selbstverständnisses* ist die Grundlage der Traditionspflege der Bundeswehr."

Im Klartext: Alles was gegen Buchstabe und Geist des Grundgesetzes verstößt, kann für die Bundeswehr keinen Vorbild stiftenden Charakter annehmen und scheidet daher für eine Übernahme in das Traditionsverständnis per se aus. Dafür ist vielmehr ein Gegenwartsbezug notwendig, auf den Punkt 15 hinweist:

> „In der Traditionspflege der Bundeswehr sollen solche Zeugnisse, Haltungen und Erfahrungen aus der Geschichte bewahrt werden, die als ethische und rechtsstaatliche, freiheitliche und demokratische Traditionen auch *für unsere Zeit* beispielhaft und erinnerungswürdig sind."

Geschichte und Tradition treten damit auseinander. „Tradition" wird dadurch zu einem „Eingriff" in die Geschichte, der bewusst jene Taten, Haltungen und Prozesse auswählt, die für die Gegenwart von Relevanz sind. Aufgabe der Bundeswehr ist es eben nicht, in ihrem Traditionsverständnis das Selbstverständnis früherer deutscher Armeen museal zu konservieren. Dies ist und bleibt selbstverständlich Bestandteil der deutschen Militärgeschichte, nicht jedoch des Traditionsverständnisses der Bundeswehr. Daraus kann indes nicht geschlossen werden, dass nicht einzelne Angehörige dieser Armeen als Individuen dennoch in den „Traditionskanon" der Bundeswehr aufgenommen werden können. Darauf verweist auch Punkt 29:

„Kasernen und andere Einrichtungen der Bundeswehr können mit Zustimmung des Bundesministers für Verteidigung nach Persönlichkeiten benannt werden, die sich durch ihr *gesamtes Wirken* oder eine *herausragende Tat um Freiheit und Recht* verdient gemacht haben."

Eine erfolgreiche militärische Handlung ist dabei genauso irrelevant wie eine erfolglose. Damit werden weder militärische Leistungen in der Vergangenheit noch die soldatischen Tugenden als unverzichtbare Grundlage militärischer Profession diskreditiert.

Es ist damit evident, dass das Traditionsverständnis der Bundeswehr eine Umkehrung dessen darstellt, was gemeinhin unter dem militärischen Traditionsbegriff verstanden wird. Es geht nicht um die nahezu kritiklose Weitergabe eines wie auch immer „geheiligten Erbes" aus der Vergangenheit von Generation zu Generation – schon alleine deshalb, weil jede aktuelle Generation von Soldaten damit (ein Verstoß gegen das Prinzip der Freiheit!) in eine lange Kontinuitätslinie gestellt wird. Vielmehr wird der „Richtungspfeil" umgekehrt. Die gegenwärtige Generation sucht sich ihre Vorbilder in der Vergangenheit nach jenen Prinzipien aus, die mit ihrem aktuellen Auftrag kompatibel sind. Daher scheiden de facto automatisch fast alle jene Epochen der deutschen Militärgeschichte aus, in denen das Militär in seiner Gesamtheit auf politische Systeme vereidigt wurde, die nicht den Grundsätzen der Demokratie verpflichtet waren.

Politik und Gesellschaft, die für Legitimation und Auftrag sowie die Finanzen verantwortlich zeichnen, können den wertneutralen „Gewalttechnokraten", der als „Söldner" seinen Dienst für Geld jedem Regime anbietet, aus staatspolitischen Erwägungen heraus genauso wenig dulden wie den „archaischen Kämpfer" oder den indoktrinierten (Klassen-)Soldaten. Wenn also der „Staatsbürger in Uniform" die Quintessenz oder Lehre aus der preußisch-deutschen Militärgeschichte des 19. und 20. Jahrhunderts ist, dann steht er in der Tradition jener, die vor ihm sein Selbstverständnis verkörpert haben. Deshalb ist die Suche nach dem Traditionsverständnis der Bundeswehr eine Suche nach jenen, die dem „Staatsbürger in Uniform" in der Vergangenheit – natürlich in zeitbedingten Umständen – nahegekommen sind.

Generell gilt damit aus dieser Warte theoretisch folgende Prämisse: Wenn die Tradition Vergangenheit, Gegenwart und Zukunft „zusammenhalten" soll, i.e. Brücken für die Generationen schlägt, und Identität schaffen soll (wie es Punkt 1 der „Richtlinien zum Traditionsverständnis" vorgibt), muss sie logisch, einfach und richtig sein. Dies ist Tradition dann, wenn sie – bezogen auf die Gegenwart und den militärischen Auftrag der Bundeswehr –

1. die Notwendigkeit kontinuierlicher und erfolgreicher Transformation (bzw. Neuausrichtung),
2. das Einschreiten gegen Unrecht, Gewalt und Tyrannei sowie
3. eine lebendige Bindung der Streitkräfte an die Werte resp. Zielsetzungen einer freiheitlichen Demokratie und somit „Einigkeit und Recht und Freiheit" widerspiegelt.

III. Das gegenwärtige Traditionsverständnis der Bundeswehr

Die aus diesen Grundlagen abgeleiteten Traditionslinien der Bundeswehr schlagen sich, obwohl sie im „Traditionserlass" von 1982 nicht aufgelistet wurden, in dem fast schon kanonisierten 3-Säulen-Modell nieder:

1. Preußische Militärreformen (1807-1814),
2. Militärischer Widerstand gegen Hitler und das NS-Regime sowie
3. die eigene Geschichte der Bundeswehr.

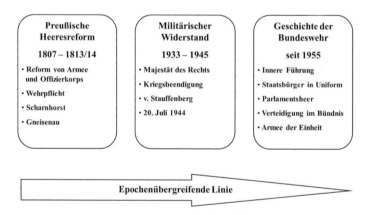

Abb. 1: Traditionsverständnis der Bundeswehr, „3-Säulen-Modell" (Quelle: Eberhard Birk).

Diese drei Traditionssäulen sind jene, die den rein handwerklich-militärischen Tugenden den historisch-politischen, Tradition stiftenden Wertebezug verleihen. Sie betreffen darüber hinaus nicht nur das Traditionsverständnis der „Staatsbürger in Uniform", sondern spiegeln auch das historisch-politische Selbstverständnis der Bundesrepublik Deutschland wider – sie sind somit ein Idealfall der Traditionsbildung schlechthin, wie eine kurze inhaltliche Schilderung verdeutlicht.

Preußische Heeresreform

Dass sich die Soldaten der Bundeswehr, die sich in Transformation und Einsatz befinden, auch weiterhin als „Staatsbürger in Uniform" betrachten, ist evident. Dies macht es ihnen – bei entsprechender historischer Bildung – einfach, sich auf die Zielsetzungen der preußischen Militärreform unter Scharnhorst und Gneisenau zu berufen. An deren Anfang stand die „preußische Katastrophe" im Zuge der Niederlage gegen napoleonische Truppen bei „Jena und Auerstedt" im Oktober 1806. Der politische, militärische und moralische Zusammenbruch des altfriderizianischen Militärstaates, der in vielerlei Hinsicht mit 1945 vergleichbar ist, war die Initialzündung für die Gesamtheit der preußischen (Militär-)Reformen, die auf die politischen, gesellschaftlichen und militärischen Neuerungen, die durch die Auswirkungen der Französischen Revolution entstanden waren, Antworten finden mussten. Durch eine „Revolution von oben" zielten die zivilen und militärischen Reformer im Geist der Aufklärung auf eine Transformation des „Untertanen" zum „Bürger" als Grundvoraussetzung für die Schaffung einer „Staatsbürgergesellschaft", die im Kern die Modernisierung von Staat und Gesellschaft (Stein), Wirtschaft (Hardenberg) und Bildung (Humboldt) zum Inhalt hatte.

Für die Militärreformer um Scharnhorst und Gneisenau galt es, analog zu den Erfolgen des französischen Militärs, eine militärische Effizienzsteigerung und intrinsische Motivation der preußischen Soldaten zu erreichen. Die beabsichtigten politischen Partizipationsrechte im Zivilen sollten zur Grundlage eines neuen militärischen Selbstverständnisses werden. Deren ideelle und militärpolitische Zielsetzung formulierte Gneisenau 1808:

> „Es ist billig und staatsklug zugleich, dass man den Völkern ein Vaterland gebe, wenn sie ein Vaterland kräftig verteidigen sollen."

Dies ist in anderen Worten der „Staatsbürger in Uniform", der die äußere Sicherheit seines ihm bürgerliche Freiheitsrechte garantierenden Vaterlandes, intrinsisch motiviert, verteidigt.

Hierzu waren aber auch militärische Reformschritte notwendig: Die neue „Landwehr" trat als milizähnliche Formation neben die „Linie" – das aktive stehende Heer –, um damit nicht nur bürgerlichen „Einjährig-Freiwilligen" als zukünftigen Reserveoffizieren ein militärisches Betätigungsfeld zu eröffnen, sondern gleichzeitig auch ein enges Band zwischen Nation, Armee und Monarchie zu knüpfen. Neben der Steigerung militärisch-funktionaler Effizienz durch die Schaffung eines Großen Generalstabes, der drastischen Aufstockung leichter Infanterie im Rahmen des „kleinen Krieges" sowie der Einführung einer allgemeinen Wehrpflicht zielten die Militärreformer komplementär darauf, durch die Abschaffung entehrender Körperstrafen (Gneisenau: „Freiheit der Rücken"), der Öffnung der Offizierlaufbahn für Bürgerliche, dem Ziel des gebildeten Offiziers und Beförderungen nach dem (bürgerlichen) Leistungsprinzip, das Militärwesen auf eine neue, zukunftsfähige Basis zu stellen. Die preußische Militärreform kann darüber hinaus mit ihrem „kurzfristigen" Erfolg in den anti-napoleonischen Befreiungskriegen (1813-14/15) als gelungene Transformation bezeichnet werden.

Militärischer Widerstand

Bei der Betrachtung von Motivlage und Zielsetzung des Widerstandes gegen den Nationalsozialismus unter dem militärhistorischen Aspekt – hier etwas verkürzt auf die verfolgten Ziele mit dem von Oberst Graf von Stauffenberg durchgeführten Attentat –, ist schnell erkennbar, dass die militärischen und zivilen Verschwörer des 20. Juli 1944 eine Diktatur stürzen wollten. Natürlich verfolgten die Widerstandskämpfer nicht alle Pläne, die automatisch auf eine Bundesrepublik Deutschland hingeführt hätten – wie auch? Dieses zu kritisieren, hieße deren Sozialisation außer Acht zu lassen. Alle Kritik an den Widerstandskämpfern übersieht doch eines: Wer den Teufel tötet, muss kein Engel sein. Es ging um die Ermöglichung von Politik und die „Wiederherstellung der vollkommenen Majestät des Rechts", wenn man dies in dieser Überhöhung so formulieren darf. Zivilisten aus den verschiedenen Widerstandsgruppen konnten Ideen liefern, politische Konzeptionen entwerfen und vielleicht Kontakt zu den Massen herstellen. Um dahin zu gelangen, war es aber unbedingt notwendig geworden, Hitler zu beseitigen – schon der Eidproblematik wegen. Das ging seit 1934 nur noch mit militärischer Gewalt. Dass der „Erlösungsversuch" des 20. Juli 1944 – viele zuvor geplante Attentate waren bereits gescheitert – viel zu spät kam und wahrscheinlich scheitern würde, war insbesondere Generalmajor von Tresckow bewusst:

„Das Attentat muß erfolgen, coûte que coûte. Denn es kommt nicht mehr auf den praktischen Zweck an, sondern darauf, daß die deutsche Widerstandsbewegung vor der Welt und vor der Geschichte den entscheidenden Wurf gewagt hat. Alles andere ist daneben gleichgültig."

Dieser „Aufstand des Gewissens" war denn auch eine moralische Grundlage, die die Tat als Teil der Biographie der Widerstandskämpfer des 20. Juli und insbesondere ihre Motive zu einer wesentlichen Traditionssäule der Bundeswehr werden lassen.

Dass ein Soldat, der sein Berufs- und Selbstverständnis durch seinen Eid darauf gründet, „das Recht und die Freiheit des deutschen Volkes tapfer zu verteidigen", in den militärischen Widerstandskämpfern, wenn nicht „Helden", so doch Staatsbürger und Soldaten mit einem geistig-ideellen Orientierungsimperativ erkennt, die ein verbrecherisches Regime stürzen wollten, ist evident – und: Niemand wird ernsthaft den Widerstandskämpfern von Stauffenberg, von Tresckow oder Beck die militärischen Meriten absprechen wollen.

Geschichte der Bundeswehr

Die beiden vorgenannten Traditionssäulen hängen eng und ursächlich mit der dritten, deren Gravitationszentrum sich mit der „Konzeption der Inneren Führung" ermitteln lässt, zusammen. Ihr bekanntester geistiger Vater war Wolf Graf von Baudissin, für den die letztlich an der Restauration gescheiterte Preußische Heeresreform und der Militärische Widerstand die historische Tiefendimension des „Staatsbürgers in Uniform" bildeten.

Mit der „Inneren Führung" und ihrem „Staatsbürger in Uniform" wurde der neuartige Ansatz entwickelt, vor dem Hintergrund der belastenden Hypothek der Sonderrolle der Reichswehr in der Weimarer Republik und der Verstrickung bzw. Beteiligung der Wehrmacht in einem verbrecherischen System und alle ethischen Vorstellungen vom Bild des Soldaten sprengenden Vernichtungskrieg, über eine idealtypische Rollenbeschreibung des soldatischen Selbstverständnisses – bündnispolitisch – in einer Defensivallianz zur Verteidigung „westlicher Werte" und – national – *in* einer parlamentarischen Demokratie effektive Streitkräfte *für* die Demokratie zu begründen. Mit der Verwirklichung eines „Parlamentsheeres" wurde der Soldat nicht vom Militärischen amputiert, wohl aber sein Dienst in eine neue sicherheits- und gesellschaftspolitische Perspektive gerückt.

Dieses historisch-politische Grundverständnis lässt den „Staatsbürger in Uniform" den demokratischen Staat bewusst bejahen:

„Der Nur-Soldat, der im Stil eines Condottiere in jedem politischen System Verwendung finden könnte, hat in der Bundeswehr keinen Platz. Der Soldat der Bundeswehr kann vielmehr den ihm auferlegten treuen Dienst überhaupt nur dann erfüllen, wenn er ein sauberes Verhältnis zu den Grundlagen unserer Verfassungsordnung hat, die auf ganz bestimmten, freiheitlichen und rechtsstaatlichen Vorstellungen von der menschlichen Gemeinschaft basiert"

– so der ehemalige Generalinspekteur der Bundeswehr, Ulrich de Maizière, ein „Mitstreiter" Baudissins. Damit wird die Verbindung des Militärs mit dem Staatswesen deutlich. Mit der Bindung des Militärs an verfassungsrechtliche Grundsätze, i.e. das Grundgesetz, der Einführung eines Soldatengesetzes, der parlamentarischen Kontrolle durch Haushaltsgesetzgebung, einem zivilen Verteidigungsminister und einem nur dem Parlament verantwortlichen Wehrbeauftragten – dem „Primat der Politik" über die Bundeswehr – wurde als Konsequenz die bewaffnete Macht dezidiert der zivilen politischen Führung untergeordnet.

Dieser Bruch mit dem tradierten „statischen" Bild des soldatischen Berufsverständnisses als „sui generis" führte zu vielfältiger Kritik, die (un-)bewusst stets den Kern der „Inneren Führung" übersah: Für den demokratischen Idealen verbundenen „Staatsbürger in Uniform" als freiem Menschen, vollwertigem Bürger und motiviertem Soldaten – ein Tryptichon, das in Variationen bis in die Gegenwart gilt – sollte sie für die Gestaltung der inneren Ordnung der Streitkräfte im Rahmen der politischen, sozialen und technischen Gegebenheiten, unter Einschluss des modernen konventionellen und nuklearen Kriegsbildes konkrete Anweisungen für militärisches Denken und Handeln bereitstellen. Deshalb musste die neue Führungskultur im Spannungsfeld von Staat, Politik, Gesellschaft und Militär gerade auch die Komplexität des neuen Kriegsbildes auf den verschiedenen Wirkungsfeldern des militärischen Dienstes widerspiegeln – in Ausbildung, Erziehung und (Menschen-)Führung.

Und generell gilt natürlich auch hier: Dass die Geschichte der eigenen Armee und des eigenen Staates Tradition stiftend ist, versteht sich von selbst – wer wollte sein Berufsleben durch seinen Dienst in der Armee für „seinen" Staat dadurch diskreditieren, dass er sich nicht damit identifizieren kann?

„Zwischenbilanz"

So sehr das Traditionsverständnis und seine Entwicklung stets anhaltender Kritik durch „Alt-Traditionalisten" ausgesetzt waren und noch immer sind, so sehr ist es von einer systemimmanenten Logik geprägt. Als Beispiele seien folgende Überlegungen angeführt:

1. Politik wie auch Gesellschaft wollen stets, dass die weltanschauliche Orientierung der Soldaten nach Möglichkeit mit jener der sie legitimierenden und mit einem Auftrag sowie Finanzen ausstattenden äußeren Faktoren nahezu kongruent ist. Schließlich ist das Militär als „bewaffnete Macht" eines Staates in der Theorie das stärkste Machtmittel. In Krisen- und Kriegsfällen muss es ein Instrument unter der Kontrolle des Staates sein und bleiben. Das Vertrauen von Staat, Politik und Gesellschaft darf daher nicht dadurch erschüttert werden, dass sich das Militär mit einer eigenen „weltanschaulichen Agenda" versieht, die sich im Extremfall fundamental vom außermilitärischen Raum unterscheidet. Und: Staaten und Allianzen führen nicht Krieg, damit sich Soldaten auszeichnen können bzw. müssen.
2. Die deutsche Militärgeschichte zeigt den Zusammenhang von Politik und militärischem „Selbst- und Traditionsverständnis" exemplarisch auf. Pointiert formuliert: Kaiser Wilhelm II. wollte keine Sozialisten in Armee und Offizierkorps, Hitler keine Demokraten in der Wehrmacht, Ulbricht und Honecker keine Monarchisten in der NVA und die Bundesrepublik daher eben nur überzeugte Demokraten als „Staatsbürger in Uniform". „Systemfeinde" im Militär zu tolerieren, wäre widersinnig und auch politisch-historisch unsinnig.
3. Wie zentral „die Politik" auch auf das Traditionsverständnis als historisch-politische „corporate identity" einwirkt, wird am Beispiel der Traditionsbildung von Bundeswehr und NVA deutlich: Beide deutsche Staaten wie auch deren Militär haben bis 1945 eine „identische" politische und militärische

Vorgeschichte. Gleichwohl bildeten sich unter dem Vorzeichen der „Weltanschauung" gänzlich unterschiedliche Traditionslinien heraus, die meist gegensätzliche Bezugspunkte auswählten – und wenn es die gleichen waren, so wurden sie jeweils unterschiedlich begründet. Auf der einen Seite (NVA) wurde alles „sozialistisch-kommunistisch" Interpretierbare zur Tradition, auf der anderen Seite (Bundeswehr) all jenes ausgewählt, das „freiheitlicher und demokratischer" Interpretation zugänglich war und ist.

Nach der Wiedervereinigung 1990 auf Traditionsbestände der NVA zurückzugreifen, verbot sich daher von selbst. Deren Traditionslinie bezog sich vom Bauernkrieg 1525 und Thomas Müntzer ausgehend über die Novemberrevolution 1918 und die Rote Ruhrarmee (1923) bis zum Nationalkomitee Freies Deutschland und dem „antifaschistischen Widerstand". Auch der 13. August 1961, der Tag des Mauerbaus, wurde als besonders traditionswürdig eingestuft. Damit wird deutlich, dass das NVA-Traditionsverständnis ganz auf der Linie des verordneten SED-Geschichtsverständnisses basierte und mit diesem kongruent war. Auch damit wird evident, dass die Geschichten deutscher Armeen nicht automatisch Traditionsbestand einer Armee in der Demokratie sein können.

Eine Armee wie die Bundeswehr, die fast sechs Jahrzehnte ihren Auftrag erfüllt hat – davon mehr als drei Jahrzehnte unter dem unmittelbaren Eindruck der bipolaren Systemkonfrontation im Herzen Europas mit einem geteilten Deutschland als Aufmarschglacis antagonistischer, waffenstarrender Militärbündnisse vor Augen – mit ihrer institutionellen Einbindung in das politische System, ihrem für viele andere Nationen Vorbild stiftenden „Staatsbürger in Uniform", ihrer Einbindung in multinationale Strukturen, ihrer Bewährung in den mittlerweile kaum mehr zu überschauenden, gleichwohl aber vielgelobten Einsätzen im Rahmen der Völkerfamilie, hat selbst schon ein enormes Traditionsreservoir angehäuft. Worauf sollte man denn stolz sein, wenn nicht auf die Bewährung in diesen Aufgaben und Pflichten? Dieses Traditionsverständnis braucht keinen stetig wiederkehrenden Rückgriff auf soldatische Vorbilder, die zumeist im Zweiten Weltkrieg oder in den „Fliegeridolen" des Ersten Weltkrieges oder dem „ewig" tapfer, diszipliniert und treu dienenden und kämpfenden Soldaten ihre „Ikonen" suchen. Ein derartiges „Traditionsverständnis" hätte allenfalls musealen Charakter; es widerspricht dem Selbstverständnis der Bundeswehr, ihrem „Traditionserlass" und dem Anspruch des „Staatsbürgers in Uniform", denn der Soldat der Bundeswehr, der Bürger in Uniform, ist den gleichen Prinzipien verpflichtet wie der Bürger als Zivilist.

Für die Bundeswehr, als Armee der Bundesrepublik Deutschland, ist dieses Traditionsverständnis ohne Zweifel angemessen. Denn mit der Gesamtheit der Zielsetzungen der zivilen preußischen Reformen unter Stein, Hardenberg und Humboldt, den Motiven der zivilen politischen, kirchlichen und gewerkschaftlichen Widerstandskreise im „Dritten Reich", aus denen sich viele „Gründungsväter" der Bundesrepublik rekrutierten, sowie der eigenen Geschichte der Bundesrepublik Deutschland ist es deckungsgleich mit dem historisch-politischen Selbstverständnis der Bundesrepublik. Somit ist mit dem Traditionsverständnis der Bundeswehr ein Idealfall der Kompatibilität von militärischer und ziviler, politischer Tradition gegeben.

IV. Optionen der Weiterentwicklung

Dass dieses Traditionsverständnis sich in der Zukunft dynamisch weiterentwickeln wird, ist mehr als wahrscheinlich. Im Grunde hängt die bisherige „Erlasslage" mittlerweile weit hinter den Entwicklungen seit dem Mauerfall hinterher. Der Traditionserlass von 1982 wurde für die „alte" Bundeswehr geschrieben. Sowohl der Kalte Krieg wie auch die offene „deutsche Frage" durchziehen sämtliche Formulierungen. Das vergangene Vierteljahrhundert brachte fundamentale Veränderungen, die das „alte" Selbstverständnis in weiten Teilen geradezu als antiquiert erscheinen lassen: Wiedervereinigung und Auflösung der NVA, Vertiefung der multinationalen Integration, Kampf gegen den Terrorismus, Einsätze mit UN-, NATO-, EU-Mandat, Auflösung und Neuaufstellung von (Groß-)Verbänden, Schaffung von Streitkräftebasis und Zentralem Sanitätsdienst als neue Organisationsbereiche, Öffnung aller Laufbahnen für Frauen, Aussetzung der allgemeinen Wehrpflicht, Stiftung neuer Auszeichnungen wie Ehrenkreuz der Bundeswehr für Tapferkeit und der Einsatzmedaille Gefecht etc. mögen als Stichworte eindrucksvoll aufzeigen, dass nicht nur alles im Fluss ist, sondern eine „neue" Bundeswehr mit einem „neuen" Selbstverständnis entstanden ist.

Wie sehr gerade die nachwachsende Soldatengeneration in Ermangelung eines Bildes vom Soldaten resp. des Offiziers „Truppenlösungen" für ihr Selbstverständnis entwickelt, zeigen die Initiativen junger, überwiegend Heeresoffiziere, die mit den Büchern „Soldatentum"[4] und „Armee im Aufbruch"[5] in dieses „Vakuum" vorstoßen. In die gleiche Richtung gehen die zyklischen Versuche, erneut einen Säbel oder gar eine neue Galauniform in die Streitkräfte einzuführen. Dies sind übrigens auch die Folgen jener Wahrnehmung, dass sich die Managermentalität zu stark im Offizierkorps durchgesetzt hätte. Demnach stehen Kosten-Nutzen-Kalkulationen über einem Wertekorsett, das jungen OA und Offizieren als Orientierungshilfe dienen kann und auch soll. Dieses Ringen um ein „Selbstbild" impliziert nicht unbedingt eine Ablehnung des „Staatsbürgers in Uniform", wohl aber das Verlangen nach einer konkretisierten Zielangabe, die über den als zu abstrakt empfundenen Idealtypus hinausgeht.

Auch wenn viele derartige „Diskussionsbeiträge" scheinbar nur die Ebene des Brauchtums betreffen, so darf nicht übersehen werden, dass das Brauchtum die äußere Erscheinungsebene des empfundenen und gewollten Selbstverständnisses darstellt. Es ist aber – nicht zuletzt auch aus der Perspektive der Führung vor dem Hintergrund des Konzepts der Inneren Führung mit ihrem „Staatsbürger in Uniform" – evident, dass die Schere zwischen dem „alten" und „neuen" Traditionsverständnis, das in der Einsatz-Truppe schon längst im Entstehen begriffen ist, nicht zu weit auseinandergehen darf.

Benötigt ein neues Selbstverständnis nicht auch ein neues Traditionsverständnis, das auf der Basis des bisherigen auch Anpassungen an die Gegenwart kategorisch verlangt? Sowohl die Einsatzzentrierung wie auch die Tatsache, dass die Bundeswehrsoldaten mit europäischen Partnern in Einsätzen stehen, lassen erwarten, dass einerseits die europäische Dimension und andererseits die Abbildung der Einsatzrealität zu Veränderungen in der Traditionsperspektive führen werden. Dabei gibt es (1.) eine „nationale" und (2.) eine „europäische" Option.

(1.) „Nationale Perspektive"

„Aber wir haben es uns bisweilen auch selbst schwergemacht, insbesondere mit einer apodiktischen Trennung aller Bande zur älteren deutschen Militärgeschichte vor 1933. Langsam entdecken wir, dass über Jahrhunderte gezeichnete Traditionslinien in ihren Stärken wie Schwächen nicht im historischen Nebel verkümmern müssen"

– so formulierte es der damalige Verteidigungsminister, Karl-Theodor Freiherr zu Guttenberg, in einer Grundsatzrede an der Führungsakademie der Bundeswehr in

Hamburg am 26. Mai 2010. Eine wesentliche Erkenntnis im Hinblick auf das Traditionsverständnis war die banale Einsicht, dass erstens das (offiziöse) Traditionsverständnis der Bundeswehr im Kern für eine (ehemalige) Verteidigungs- und Staatsbürgerarmee Bundeswehr bis zum Ende des Kalten Krieges hervorragend „passte", wenngleich es in der Truppe oftmals aufgrund seines vermeintlich akademisch-intellektuellen „Touchs" diskreditiert war. Zweitens aber ist es ohne Frage notwendig, dass das Traditionsverständnis nicht nur mit der Inneren Führung kompatibel zu sein hat, sondern eben auch zur Einsatzrealität einer Einsatzarmee Bundeswehr „passen" muss.

Dieser Bedarf für „Neue Horizonte" für das Traditionsverständnis wurde auch in der Rede von Verteidigungsminister Thomas de Maizière am 14. Oktober 2011 bei der Eröffnung des MHM in Dresden angesprochen:

„Gerade in den Streitkräften brauchen wir die identifikationsstiftende Kraft von Traditionen. Ja, wir benötigen sogar spezifische für jede Teilstreitkraft, für das Heer, die Luftwaffe und die Marine."

Und gänzlich abstrakt hätte sich ein graduell verändertes Traditionsverständnis an folgenden „Perspektiven der Gestaltung" zu orientieren: Bewährung im Einsatz, Helfen und Schützen, Führen mit Auftrag, Multinationalität und dem neuen Motto der Bundeswehr „Wir. Dienen. Deutschland."

Da sämtliche Einsätze der Bundeswehr niemals nur in nationaler Verantwortung durchgeführt werden sollen, war die zweite Bemerkung des damaligen Verteidigungsministers zwangsläufig:

„Ich wünsche mir daher, dass die Bundeswehr und unsere Verbündeten in NATO und EU zunehmend solche gemeinsamen Traditionslinien entwickeln."

Diese angemahnte Perspektive wird indes besonders schwierig zu verwirklichen sein, haben doch nahezu alle anderen Streitkräfte, mit denen die Bundeswehr auf verschiedenen Kontinenten und deren Randmeeren im Einsatz ist, vollkommen andere Traditionslinien. Dass sie diese an eine von de Maizière angestoßene Traditionsdiskussion in der Bundeswehr angleichen, ist zwar wohl kaum zu erwarten – hierzu dürfte es, um dieses Ziel zu erreichen, wohl eher auf Bewegung bei der Bundeswehr ankommen.

(2.) Europäische Dimension der Traditionsbildung

Ein Vorschlag hierzu existiert bereits – eingebunden in ein europäisches sicherheitspolitisches Konzept. Auf Initiative des damaligen Präsidenten des Europäischen Parlaments, Hans-Gert Pöttering, verabschiedete das Europäische Parlament 2009 einen Beschluss, der erstmals die Formulierung europäischer sicherheitspolitischer Interessen anmahnte und für den Weg zu europäischen Streitkräften und deren Bezeichnung das Akronym SAFE vorschlug – Synchronized Armed Forces Europe. Im Kern sollen dabei die notwendigen Potentiale der Mitgliedstaaten auf europäischer Ebene synchronisiert werden. Kosteneinsparung und Effizienz sowie ein europäisches Bewusstsein sind dabei Ausgangspunkt und Zielsetzung gleichzeitig. Auf dem 8. Berliner Sicherheitskongress hat Pöttering als Präsident des EP a.D. am 8. Dezember 2009 für den SAFE-Ansatz ein europäisches Traditionsverständnis angemahnt und vorgeschlagen, das einer etwas ausführlicheren Erläuterung bedarf.

Die geschichtspolitisch aufgeladene historische Tiefendimension der europäischen Werteordnung ist hinreichend bekannt: Die drei Hügel Europas heißen Akropolis (Demokratie), Golgatha (Christentum) und Kapitol (Herrschaft des Römischen Rechts). Deren Grundlegungen werden ergänzt und transformiert durch die neuzeitlichen Entwicklungen Humanismus und Aufklärung, wissenschaftlich-technischer Fortschritt und wirtschaftliche Prosperität. Ihr innerer Kern ist die unverwechselbare Einzigartigkeit des menschlichen Individuums und seiner Fähigkeit, sein eigenes Leben und – als *zoon politikon* – jenes seiner Gemeinschaft(en) auf der Grundlage dieser Erkenntnis zu ordnen.

Diese Grundeinsichten bedürfen jedoch eines konkretisierten Entwurfes eines an historischen Ereignissen oder Prozessen orientierten europäischen Geschichtsbildes, das sich mit dem Selbstverständnis der Staaten der Gegenwart verbinden lässt – sinnbildlich gestützt auf einen einheitlichen gesamteuropäischen historischen Erfahrungshorizont. Dabei sollen neue, europäische Perspektiven die nationalen Betrachtungsweisen von Tradition erweitern, um in europäischem Rahmen das alte, allen Gemeinsame erneuernd zu bewahren. Den nationalen (militär-)historischen „lieux de mémoires" (Erinnerungsorte) müssen daher europäische Optionen zur Seite gestellt werden.

Gleichsam folgerichtig finden sich diese Basiselemente im Erfahrungshorizont der gesamteuropäischen Erhebung von 1848/49, dem Widerstand gegen den Totalitarismus und in der Geschichte des europäischen Integrationsprozesses. Alle drei hiermit vorgeschlagenen „europäischen Traditionssäulen" wären – verstanden als aktuelle, gleichwohl in Zukunft veränderbare Bestandsaufnahme – geeignet, neben dem westeuropäischen auch den mittel- und osteuropäischen historischen Erfahrungsschatz zu integrieren.

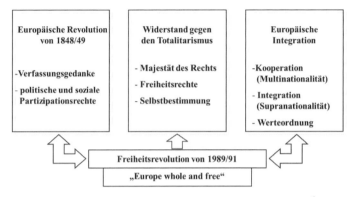

Abb. 2: Bausteine einer Traditionslinie für europäische Streitkräfte[6] (Quelle: PÖTTERING [2010]).

1. Die gesamteuropäische Erhebung von 1848/49

Die politische und soziale Erhebung, die in der Revolution von 1848/49 ihren Kulminationspunkt fand, war über die jeweils „national" wahrgenommenen Ereignisketten hinaus ein gesamteuropäischer Prozess. Trotz des obrigkeitsstaatlichen Drucks, für den pars pro toto die Karlsbader Beschlüsse von 1819 stehen, blieben die Ideen von Nation, Liberalismus und Verfassungsstaat als politische Leitmotive des Vormärz, der Epoche vom Wiener Kongress bis zur Revolution 1848, virulent. Nach dem Verlust der politischen Kontrolle der alten Mächte über die Geschehnisse (Erhebungen und Barrikadenkämpfe in Frankreich, dem Deutschen Bund, Oberitalien, Österreich, Ungarn etc.) sahen sich viele Kabinettsregierungen genötigt, Zugeständnisse – Verfassungen und Parlamente – zu geben.

Die allgemeine Dramatik dieser Erhebungszeit machte vor den Soldaten der aktiven Regimenter wie auch der Reservisten nicht halt. So dokumentieren mehrere Adressen und Flugblätter, die zum Teil von Bürgern oder Soldaten höherer Bildung geschrieben und von einer Vielzahl von Soldaten unterschrieben wurden, deren Auseinandersetzung mit den revolutionären Zielen:

„Wir sind keine geworbenen Söldlinge, wir sind Bürgersoldaten."

Vielmehr solle in der Zukunft die Aufgabe der Soldaten jener der Bürgerwehren entsprechen:

„Vertheidigung des Landes, der Verfassung und der durch die Gesetze gesicherten Rechte und Freyheit gegen innere und äußere Feinde."

Ihre Verbundenheit mit den Revolutionären brachten sie ebenfalls zum Ausdruck:

„Auf unsere teutschen Brüder schießen wir nicht."

Diese Soldaten verstanden sich als „Bürger im Soldatenrock", wie es badische Infanteristen am 8. April 1848 in einer Petition an ihre Vorgesetzten formuliert haben.

Zwar scheiterte die gesamteuropäische Erhebung in der konkreten historischen Situation; sie war aber nicht umsonst. Die perspektivischen Fernwirkungen sind in der Gegenwart die Grundlage für das militärische Selbstverständnis: Legitimation von republikanischem Staats- und Verfassungsdenken sowie ein demokratisches „Primat der Politik" für das Militär, versehen mit einem „europäischen Bürgersoldaten".

2. Europäischer Widerstand gegen den Totalitarismus

Es ist evident, dass politische Partizipationsrechte im totalitären Staat kein konstitutives Merkmal darstellen. Die gesamteuropäischen Erfahrungen mit den totalitären Staaten des 20. Jahrhunderts waren neben der überzeugten und aktiven Unterstützung auch das stille Erdulden, der aktive Widerstand gegen dieselben, sei es, um von außen die Befreiung zu erwirken, oder von innen – friedlich oder gewaltsam – die Überwindung des Totalitarismus zu erreichen. Im Kampf gegen den die Freiheits- und Bürgerrechte negierenden modernen totalen Moloch Staat, den „Leviathan" in seinen vielfältigen Erscheinungsformen im „Zeitalter der Ideologien" – Faschismus und Nationalsozialismus, Sozialismus und Kommunismus –, standen die Europäer das gesamte 20. Jahrhundert. Dabei nimmt ohne Zweifel der Kampf gegen das nationalsozialistische „Dritte Reich" einen prominenten Platz ein, aber auch die Erhebungen im kommunistischen Ostblock, wie zum Beispiel in der DDR 1953 oder in Ungarn 1956, stehen für den Drang zur Selbstbestimmung der Nation,

Freiheit und Demokratie, bevor am 9. November 1989 – noch spektakulärer – die Mauer in Berlin fiel. Zur Personalisierung für die militärische Traditionsbildung eignet sich zum Beispiel der Oberstleutnant der Reserve Caesar von Hofacker (1896-1944), ein Cousin Stauffenbergs – beide waren übrigens Ururenkel des preußischen Heeresreformers von Gneisenau. Hofacker, der den Umsturzversuch des 20. Juli 1944 in Paris zum temporären Erfolg führte, war wie viele seiner Generation Kriegsfreiwilliger im Ersten Weltkrieg, zunächst Monarchist, dann Nationalist; er wurde während des Zweiten Weltkrieges durch einen für ihn schmerzhaften Lernprozess – vom „Saulus zum Paulus" – zum Patrioten und Widerstandskämpfer aus sittlicher Überzeugung, der auch als europäisches Vorbild dient. In einem Brief an seine Frau vom 15. Juli 1940 nahm er bereits visionär die Europapolitik des deutschen Bundeskanzlers Helmut Kohl und des französischen Präsidenten François Mitterand mit ihrem symbolischen Händedruck über den Gräbern von Verdun im September 1984 und die durch die Einführung des Euro zum 1. Januar 2002 gekrönte Europäische Wirtschafts- und Währungsunion vorweg:

> „Ich würde, wenn es auf mich ankäme, [...] eine Währungs- und Wirtschaftsunion zwischen Frankreich und Deutschland proklamieren und in einem feierlichen symbolischen Akt auf den gemeinsamen Totenfeldern von Verdun eine ewige deutsch-französische Allianz gründen."

3. Europäischer Integrationsprozess nach 1945

Die stärkste Identität stiftende Klammer ist ohne Frage der Erfolg des europäischen Integrationsprozesses nach 1945. Mit der mittel- und osteuropäischen Erhebung in den Jahren 1989/91 bot sich die Möglichkeit der Umsetzung der Vision eines „Europe whole and free" – auch für den anderen Teil Europas. Dies war bekanntlich auch der Ansatz der europäischen Einigungsbewegung, die bereits im Zweiten Weltkrieg und danach im Schatten des Kalten Krieges herangewachsen war. Sie setzte sich eine gemeinsame europäische Regierung zum Ziel, die auch für eine gemeinsame Verteidigung zuständig sein sollte.
Ihre zentrale geschichtsmächtige Organisationseinheit bildete die mit den – nomen est omen – Römischen Verträgen vom 25. März 1957 konstituierte EWG, die den größten politischen und wirtschaftlichen Schritt auf dem Weg zu einem „immer

engeren Zusammenschluss der europäischen Völker" bildete und damit symbolisch die historische Tiefe und geografische Weite für ein unvergleichbares, gesamteuropäisches historisch-politisches Projekt aufzeigte. Erst die Aufnahme osteuropäischer Staaten machte die EU zu einer „Union der europäischen Völker". Sie bringen mit ihren gewaltlosen Freiheitsrevolutionen einen Traditionsbestand mit, der die beiden zuerst genannten Säulen – die gesamteuropäische Erhebung von 1848/49 und den Widerstand gegen den Totalitarismus – mit der dritten, dem Erfolg der europäischen Integration, verbindet.

Ob dieses Traditionsverständnis sich dann an der preußischen Heeresreform, dem europäischen Völkerfrühling von 1848/49 und seinem „Bürger"-Soldaten, militärischen Operationen des Zweiten Weltkrieges (z.B.: Invasion), dem militärischen Widerstand gegen das NS-Regime, den westeuropäischen Sicherheitsstrukturen resp. den Geschichten nationaler Armeen über die Zeit des Kalten Krieges hinaus, dem Aufbau eigener militärischer europäischer Strukturen (z.B. Eurokorps, D/NL-Korps u.a.) oder EU-Operationen der Gegenwart und Zukunft orientiert, ist dabei zweitrangig.

V. Fazit

Tradition versteht sich als die Überlieferung von Werten und Normen – sie ist also nicht zu verwechseln mit dem weiten Feld militärischen Brauchtums, das durch das Konservieren militärischer Formen, Feiern und Symbole sowie das Bewahren truppengattungsspezifischer Eigenheiten aus Erfahrungswerten heraus soldatische Identität und Handlungssicherheit und damit eine unverzichtbare Grundlage militärischer Professionalität generiert. Deren Einübung des soldatisch-tugendhaften „Wie?" darf allerdings nicht das „Wofür?" verdrängen. Die Wertgebundenheit des Traditionsverständnisses erfordert deshalb als Ausgangspunkt die gegenwärtig in Staat und Gesellschaft geltenden Wertvorstellungen: Die zu schützenden und zu verteidigenden Werte, die ein politisches Gemeinwesen im Inneren zusammenhalten, dürfen der Armee nicht fremd sein.

Der gelegentlich vorgetragene Einwand, das wertgebundene Traditionsverständnis bediene zu einseitig die „political correctness", verkennt die Freiräume zur Ausgestaltung auf der Truppenebene:

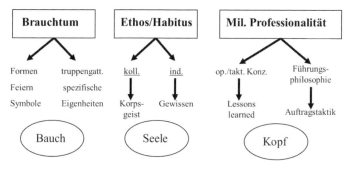

Abb. 3: Einsatzarmee und Tradition, „Perspektiven der Gestaltung" (Quelle: Eberhard Birk).

Nichts spricht dagegen, militärische Formen (z.B. Gruß), Feiern (z.b. Großer Zapfenstreich) und Symbole (Flaggen etc.) sowie das Hervorheben truppengattungsspezifischer Eigenheiten als soldatische Identität und Handlungssicherheit generierendes Brauchtum zu bewahren. Beide Dimensionen müssen nicht „demokratisch" legitimiert werden, dürfen allerdings auch nicht dem Wertegefüge des Grundgesetzes entgegenstehen.

Nichts spricht dagegen, ein soldatisches Ethos resp. einen militärischen Habitus zu pflegen, der – kollektiv – einen Korpsgeist und – individuell – einen vom Gewissen geleiteten Gehorsam kultiviert. Unter „Ethos" wird im Allgemeinen die durch sittliche bzw. moralische Normen geprägte Grundhaltung oder Gesinnung eines Individuums bzw. einer Gruppe verstanden, die sich auf bewährte Traditionen, die ihrerseits ausdrücklich nicht einer rationellen Begründung unterliegen müssen, bezieht. Herausbildung und Kultivierung haben dabei ihre Wurzeln in der Gewohnheit resp. Übung – dies gilt für das Standes- bzw. Berufsethos von Medizinern, Theologen, Juristen und Polizisten genauso wie es eben für Soldaten anzumahnen ist. Gleichwohl sollte dem „Ethos" idealtypisch ein professionell-rationaler Kern zugrunde liegen, der seinerseits über eine Überformung durch emotional gefärbte Erfahrungswerte verfügt. Damit steht das „Ethos" an einer Schnittstelle von Tradition, Brauchtum und soldatischen Tugenden.

Soldatisches Ethos sollte durch Konsens bzw. Gesetzesbeschluss oder einer „traditionellen" Vereidigung auf das Verfassungsgefüge eines politischen Gemeinwesens begründet sein. Dazu gehört – militärisch gewendet – als Kern ein soldatisches

Ethos, das im Zentrum den gebildeten „Staatsbürger in Uniform" hat, der selbstbewusst auf der Grundlage eines europäisch-demokratischen Wertegefüges, militärisch-professionell, ideell von einem Gewissen geleiteten Gehorsam intrinsisch motiviert, der Freiheit „in Freiheit dienen" will.

Nichts spricht dagegen, im Rahmen militärischer Professionalität die Philosophie des Führens mit Auftrag zu pflegen und taktisch-operative Konzeptionen durch einen perpetuierten „Lessons learned"-Ansatz weiterzuentwickeln. Beide zu bewahrenden Dimensionen stehen weder zum Traditionserlass noch zu einer kohärenten Sicherheitsvorsorge deutscher Außen-, Sicherheits- und Verteidigungspolitik bzw. einem notwendigen militärischen Fähigkeitsprofil im Widerspruch.

Aber auch wenn sich die *Qualität* der Herausforderung genauso fundamental gewandelt hat wie der *Ort* und die politischen und militärischen *Methoden* ihrer Begegnung, bleiben die Soldatinnen und Soldaten der Bundeswehr – selbst unter dem Druck der „Einsatzrealität" – in ihrem Selbstverständnis nach wie vor „Staatsbürger in Uniform", deren historisch-politischer Grundauftrag trotz des sicherheitspolitischen und militärischen Paradigmenwechsels konstant blieb und bleibt – nämlich: „das Recht und die Freiheit des deutschen Volkes tapfer zu verteidigen."

Dieser ideelle Kern für ein soldatisches – deutsches und europäisches – Selbstverständnis wurde bereits im 1. Traditionserlass der Bundeswehr von 1965 erkannt, der in Punkt 18 apodiktisch feststellte:

> „Geistige Bildung gehört zum besten Erbe europäischen Soldatentums. Sie befreit den Soldaten zu geistiger und politischer Mündigkeit und befähigt ihn, der vielschichtigen Wirklichkeit gerecht zu werden, in der er handeln muß. Ohne Bildung bleibt Tüchtigkeit blind."

Was im damaligen Kalten Krieg vor einer „eindimensionalen" Bedrohungslage für den „Staatsbürger in Uniform" galt, hat nun vor dem Hintergrund vielfältigster sicherheitspolitischer Herausforderungen sogar noch eine gestiegene Bedeutung. Deutsche und europäische Streitkräfte in der Zukunft müssen sich daher auch weiterhin als ein Mittel für die Durchsetzung des Friedens in Freiheit als Grundvoraussetzung militärischen Dienens begreifen. Ein „Communitate Valemus" (Gemeinsam sind wir stark) als Wahlspruch des D/NL-Korps kann auch für ein SAFE-Ethos dazu dienen, „Einigkeit und Recht und Freiheit" für die EU zu begründen.

Inwieweit die sich abzeichnende „Euro-Sklerose" mit einer Tendenz zur Re-Nationalisierung verschiedener Politikfelder auch retardierende Auswirkungen auf den bereits beschrittenen „langen Weg" zu einer zunehmend integrierten europäischen Sicherheits- und Verteidigungspolitik und einem in Ansätzen vorhandenen „european spirit" haben werden, bleibt abzuwarten. Das soldatische Bedürfnis, eine in die Vergangenheit reichende tiefere militärhistorische Fundierung für das nationale oder europäische Selbstverständnis zu erlangen, bleibt davon unberührt. Dadurch bleibt die Frage nach dem „Erbe des deutschen Soldaten" – i.e. die Traditionsfrage – weiterhin am Leben.

Literaturverzeichnis

ABENHEIM (1989): Donald Abenheim, Bundeswehr und Tradition. Die Suche nach dem gültigen Erbe des deutschen Soldaten, München 1989 (= Beiträge zur Militärgeschichte, 27)

BIRK (2004a): Eberhard Birk, Anmerkungen zum Traditionsverständnis der Bundeswehr, in: Deutschland-Archiv 37 (2004), 2, S. 282-289

BIRK (2004b): Eberhard Birk, Aspekte einer militärischen Tradition für Europa, ÖMZ 196 (2004), 2, S. 131-140

BIRK (2004c): Eberhard Birk (Hrsg. im Auftrag der Gneisenau-Gesellschaft der OSLw e.V.), Militärische Tradition, Fürstenfeldbruck 2004 (= Gneisenau Blätter, 3) [mit Beiträgen von Eberhard Birk, Heinz Marzi, Harald Potempa, Karl H. Schreiner, Berthold Schenk Graf von Stauffenberg und John Zimmermann]

BIRK (2006): Eberhard Birk, Militärische Tradition. Beiträge aus politikwissenschaftlicher und militärhistorischer Perspektive, Hamburg 2006 (= Studien zur Zeitgeschichte, 51)

BIRK (2008): Eberhard Birk (Hrsg. im Auftrag der Gneisenau-Gesellschaft der OSLw e.V.), Militärisches Selbstverständnis, Fürstenfeldbruck 2008 (= Gneisenau Blätter, 7) [mit Beiträgen von Alois Bach, Oliver Becker, Eberhard Birk, Jochen Bohn, Hans-Otto Budde, Loretana de Libero, Hans-Hubertus Mack, Wolfgang E. Nolting, Christian Schmidt, Wolfgang Schneiderhan, Karl H.

Schreiner, Heinrich-Wilhelm Steiner, Klaus-Peter Stieglitz, Maren Tomforde und Karl von Wogau]

BIRK (2010): Eberhard Birk, Tradition reloaded. Die Gegenwart bestimmt die Tradition, IF 54 (2010), 4, S. 30-37

BIRK (2012): Eberhard Birk, SAFE-Ethos. Plädoyer für ein europäisches Selbst- und Traditionsverständnis, IF 56 (2012), 1, S. 13-19

BIRK/HEINEMANN/LANGE (2012): Eberhard Birk, Winfried Heinemann und Sven Lange (Hrsg.), Tradition für die Bundeswehr. Neue Aspekte einer alten Debatte, Berlin 2012

BÖCKER/KEMPF/SPRINGER (2013): Martin Böcker, Larsen Kempf und Felix Springer (Hrsg.), Soldatentum. Auf der Suche nach Identität und Berufung der Bundeswehr heute, München 2013

BOHNERT/REITSTETTER (2014): Marcel Bohnert und Lukas J[] Reitstetter (Hrsg.), Armee im Aufbruch. Zur Gedankenwelt junger Offiziere in den Kampftruppen der Bundeswehr, Berlin 2014

BUNDESMINISTERIUM DER VERTEIDIGUNG (2008): Bundesministerium der Verteidigung – Der Bundesminister der Verteidigung, Zentrale Dienstvorschrift (ZDv) A-2600/1 Innere Führung, Bonn 2008

DE LIBERO (2006): Loretana de Libero, Tradition in Zeiten der Transformation, Paderborn 2006

MÖLLERS (2012): Heiner Möllers (Hrsg.), Tradition und Traditionspflege in der Luftwaffe, Potsdam 2012 (= Potsdamer Schriften zur Militärgeschichte, 16)

PÖTTERING (2010): Hans-Gert Pöttering, Europäische Sicherheit – Europäische Werte, in: Technik – Innovation – Strategie, im Auftrag der Gneisenau-Gesellschaft der OSLw e.V. hrsg. von Eberhard Birk, Fürstenfeldbruck 2008, S. 10-16 (= Gneisenau Blätter, 9)

RAUTENBERG/WIGGERSHAUS (1985): Hans-Jürgen Rautenberg und Norbert Wiggershaus, Die „Himmeroder Denkschrift" vom Oktober 1950. Politische und militärische Überlegungen für einen Beitrag der Bundesrepublik Deutschland zur westeuropäischen Verteidigung, Karlsruhe 1985

Adresse des Verfassers

Oberregierungsrat Dr. Eberhard Birk
Offizierschule der Luftwaffe
Postfach 1264 A/S
D-82242 Fürstenfeldbruck
eberhardbirk@bundeswehr.org

Anmerkungen

[1] Nach einem Vortrag, gehalten im Rahmen des 5. Wehrmedizinhistorischen Symposiums, veranstaltet von der Gesellschaft für Geschichte der Wehrmedizin e.V. in Verbindung mit der Sanitätsakademie der Bundeswehr am 19.11.2013 in München. Auf einen wissenschaftlichen Apparat wurde verzichtet. Hierzu wird auf die Publikationen zum Thema verwiesen, die als Literaturhinweise angefügt sind.

[2] Bundespräsident Theodor Heuss am 12.03.1959 an der Führungsakademie der Bundeswehr.

[3] BUNDESMINISTERIUM DER VERTEIDIGUNG (2008), S. 32-37.

[4] BÖCKER/KEMPF/SPRINGER (2013).

[5] BOHNERT/REITSTETTER (2014).

[6] Vorschlag von Hans-Gert Pöttering, Präsident des Europäischen Parlamentes a.D., auf dem 8. Berliner Sicherheitskongress am 08.12.2009; vgl. PÖTTERING (2010).

Tradition und berufliches Selbstverständnis an der Sanitätsakademie der Bundeswehr

TRADITION AND SELF-IMAGE AT THE BUNDESWEHR MEDICAL ACADEMY

von Volker Hartmann[1]

Zusammenfassung:
Im April 2012 wurde durch Generalarzt Dr. Stephan Schoeps das Auditorium Maximum der Sanitätsakademie der Bundeswehr nach dem Münchner Sanitätsfeldwebel, Medizinstudenten und Widerstandskämpfer Hans Scholl benannt. Dieser bedeutende Schritt in der Begründung einer neuen Erinnerungskultur im Sanitätsdienst der Bundeswehr war Ausgangspunkt für die Einrichtung einer durch den Inspekteur des Sanitätsdienstes der Bundeswehr berufenen Kommission zur Herausarbeitung von Traditionslinien und zum beruflichen Selbstverständnis. Hier wurden entsprechende Eckpunkte formuliert und ein neues repräsentatives Ausstellungskonzept im Foyer des Hauptgebäudes entwickelt. In dem Beitrag zur politisch-historischen Bildung werden der gestalterische Ansatz des Konzepts und die Inhalte der Informationsstelen vorgestellt und auf Symbolik und Traditionsverständnis der Bundeswehr und speziell des Sanitätsdienstes eingegangen. Zudem werden Ansätze eines gemeinsamen beruflichen Selbstverständnisses der Angehörigen des Sanitätsdienstes der Bundeswehr mit dessen ethisch-historischen Grundlagen im Sinne eines identifikationsstiftenden Wertekanons diskutiert.

Schlüsselwörter:
Generalarzt Dr. Schoeps, Auditorium Maximum Hans Scholl, Sanitätsdienst der Bundeswehr, Sanitätsakademie der Bundeswehr, Tradition der Bundeswehr, berufliches Selbstverständnis, Wertekanon, Ethik

Summary:
In April 2012, the main auditorium of the Bundeswehr Medical Academy was named after Hans Scholl, a Munich medical sergeant, a medical student and a member of the resistance movement, by Brigadier (Medical Corps) Dr Stephan Schoeps. This major step towards the foundation of a new culture of remembrance within the Bundeswehr Medical Service was the starting point for a commission

initiated by the Surgeon General of the Bundeswehr that was to deal with lines of tradition and professional self-image in the Medical Service. The commission formulated the key elements of these subjects and prepared a new exhibition concept for the foyer of the main building. This article on political and historical education describes the creative approach of the concept as well as the information provided by the panels and explains symbolism and the understanding of tradition in the Bundeswehr in general and the Medical Service in particular. The article also deals with concepts of a common professional self-image in the Bundeswehr Medical Service based on its ethical and historical foundations, which promote a canon of values and thus identity.

Keywords:
Brigadier (Medical Corps) Dr Schoeps, Hans Scholl main auditorium, Bundeswehr Medical Service, Bundeswehr Medical Service Academy, Bundeswehr tradition, professional self-image, canon of values, ethics

Abb. 1: „Der Menschlichkeit verpflichtet" – berufliches Selbstverständnis des Sanitätsdienstes der Bundeswehr (Quelle: PIZ Sanitätsdienst).

Ein Rückblick

Die zu Grunde liegende Thematik des auf dem 5. Wehrmedizinhistorischen Symposium im November 2013 gehaltenen Vortrags über „Tradition und berufliches Selbstverständnis an der Sanitätsakademie" ist von steter Aktualität und somit auch inhaltlich in einem gewissen Fluss. Die beiden Begriffe können in einer Armee wie der Bundeswehr keine statischen Größen sein, sondern unterliegen sicherheitspolitischen, militärinternen und letztlich auch gesellschaftlichen Wandlungsprozessen. Der Vortragende und die Herausgeber haben sich deshalb entschlossen, unter Nutzung der Vortragsinhalte vom November 2013 einen Abgleich der inhaltlichen Debatte zum Sujet zu geben. Wer sich mit der Diskussion zum damaligen Zeitpunkt intensiver befassen möchte, sei auf den gleichnamigen Artikel in der Zeitschrift „Wehrmedizin und Wehrpharmazie" aus dem Frühjahr 2014 verwiesen.²

Das neugestaltete Foyer des Hauptgebäudes der Sanitätsakademie

Gerade älteren Sanitätsoffizieren ist die Gestaltung des ursprünglichen Foyers des Hauptgebäudes der Sanitätsakademie noch in guter Erinnerung. Es war geprägt von dem ehrwürdigen Großporträt des Namensgebers der Liegenschaft, Ernst von Bergmann, dem im Ostflügel aufgestellten „Sanitätswagen des Feldlazaretts" aus dem Jahre 1867 und nicht zuletzt durch die sogenannte „Ehrentafel des Sanitätsdienstes". Auf ihr waren die Träger hoher bayerischer Tapferkeitsorden und des Ritterkreuzes des Eisernen Kreuzes aus den Reihen des Sanitätsdienstes aufgeführt, oder präziser gesagt: aus den Reihen ehemaliger deutscher Sanitätsdienste. Diese zum Teil noch aus der Anfangszeit der Sanitätsakademie stammenden Traditionselemente gibt es nicht mehr. Sie sind von einer inhaltlichen und gestalterischen Neukonzeption des Foyers abgelöst worden. Interessierte Leser finden die aufgeführten gestalterischen Elemente sowohl des alten wie auch des neuen Foyers auf der Homepage der Gesellschaft für Geschichte der Wehrmedizin (GGWM) e.V.³

Offiziell eröffneten der damalige Inspekteur des Sanitätsdienstes der Bundeswehr, Generaloberstabsarzt Dr. Ingo Patschke, und die damalige Kommandeurin der Sanitätsakademie der Bundeswehr (SanAkBw), Generalstabsarzt Dr. Erika Franke, das neue Foyer im Hauptgebäude der Akademie am 12. September 2013. Die feierliche Einweihung fand anlässlich der Festlichkeiten zum 50jährigen Jubiläum der Sanitätsakademie statt.

Es war Absicht der Akademieführung, mit der neuen Einrichtung, den gewählten Präsentationsformen und vor allem den vermittelten Inhalten nicht nur einen Beitrag zur politisch-historischen Bildung und zur Standortbestimmung des Sanitätsdienstes der Bundeswehr zu leisten, sondern vor allem auch die Traditionslinien im Sanitätsdienst aufzuzeigen.

Abb. 2: Eröffnung des neuen Foyers der SanAkBw (Foto: Julia Langer).

Hierzu hatte eine akademieübergreifende Kommission aus allen Dienstgradgruppen und unter Einbeziehung von Reservisten, Hochschullehrern, des am 31. August 2015 verstorbenen ehemaligen Kommandeurs der SanAkBw und Präsidenten der GGWM, Generalstabsarzt a. D. Dr. Fraps, und des am 26. Januar 2015 verstorbenen Altinspekteurs des Sanitätsdienstes der Bundeswehr, Admiraloberstabsarzt a. D. Dr. Ocker, das inhaltliche und gestalterische Konzept des neuen Eingangsfoyers erarbeitet. Schließlich setzte eine erfahrene Medienfirma die Vorgaben um, die mit einem hohen künstlerischen Anspruch die drei wesentlichen Teilbereiche „Identität", „ethisch-historische Grundlagen" und „berufliches Selbstverständnis im Sanitätsdienst" sichtbar werden lassen sollten.

Warum Neukonzeption?

Worin lag der Ausgangspunkt der Neugestaltung des Foyers? Nach langen Vorbereitungen hatte der damalige Kommandeur der SanAkBw, Generalarzt Dr. Stephan Schoeps, am 12. März 2012 die Benennung des Auditorium Maximum der Akademie nach dem Münchner Widerstandskämpfer Hans Scholl vorgenommen.

Abb. 3: Eingangstür zum Auditorium Maximum „Hans Scholl" (Foto: Volker Hartmann).

Der zu einem großen Teil aus Sanitätssoldaten bestehende Widerstandskreis um den Münchner Medizinstudenten Hans Scholl war in der Funktion eines Sinn gebenden Traditionsverständnisses bis dahin von der Bundeswehr nur am Rande betrachtet worden. Deshalb war es Generalarzt Dr. Schoeps ein besonderes Anliegen, die Soldaten der „Weißen Rose" in die Erinnerungskultur des Sanitätsdienstes aufzunehmen. Im weiteren zeitlichen Verlauf nach der Benennung kam es zu intensiven Diskussionen um die Traditionspflege im Sanitätsdienst und auch um die bereits erwähnte „Ehrentafel des Sanitätsdienstes" im Foyer der Sanitätsakademie. Es wurde deshalb entschieden, im Rahmen der durch den Inspekteur des Sanitätsdienstes gebilligten Kommission zunächst die Traditionslinien des Sanitätsdienstes, seine spezifischen ethischen Implikationen wie auch Eckpunkte des beruflichen Selbstverständnisses herauszuarbeiten. Externe Unterstützung durch anerkannte Institutionen stand zur Verfügung. Es galt insbesondere, auch die Erfahrungen und Sichtweisen der jungen Generation zu erfassen und anschließend im Einklang mit dem 1982 von dem damaligen Bundesminister der Verteidigung Hans Apel erlassenen und bis heutigen gültigen Traditionserlass für die Bundeswehr eine übergreifende anschauliche Ausstellung zu konzipieren.

Ausgestaltung und Design

Die Zielrichtung der heute im Foyer gezeigten Präsentation liegt darin, allen Angehörigen des Sanitätsdienstes der Bundeswehr ihre historischen Wurzeln, berufsständische Entwicklungslinien und aus den Erfahrungen der Geschichte sich ergebende Verpflichtungen aufzuzeigen. Wie die Soldatinnen und Soldaten der Teilstreitkräfte (TSK) brauchen auch die Angehörigen des Sanitätsdienstes die identifikationsstiftende Kraft von Traditionen. Diese Inhalte stellen eine Grundlage für das Dienen in einer modernen Einsatzarmee dar und sollen zum Nachdenken, aber auch zum kritischen Auseinandersetzen über frühere, aktuelle, wie auch künftige Herausforderungen militärischer und fachlicher Art anregen.

Der Besucher entdeckt bereits vor Eintritt in das Eingangsfoyer des Erdgeschosses auf der Außenseite der Eingangstüren das Wappen der Akademie mit den Symbolen der vier Approbationen eingraviert. Nach Betreten des Gebäudes fällt der Blick nach links auf eine große, indirekt beleuchtete Stilisierung des Wappens des Sanitätsdienstes der Bundeswehr, das den ganzheitlichen Ansatz, die Einheit und den besonderen integrativen Geist im Sanitätsdienst stilisiert.

Abb. 4: Das Wappen des Sanitätsdienstes der Bundeswehr (Foto: Julia Langer).

Auf der Freifläche vor den beiden Eingangstüren zum Auditorium Maximum „Hans Scholl" befindet sich ein Doppelporträt des Namensgebers als Symbol der gegen das NS-Regime Widerstand leistenden Medizinstudenten.

Abb. 5: Doppelporträt von Hans Scholl (Foto: Volker Hartmann).

Das eine Bild zeigt Hans Scholl in Zivil und stellt sinnbildlich sein auf humanistischen und religiösen Überzeugungen beruhendes Wertesystem dar, während die andere Aufnahme ihn im Sommer 1942 als Sanitätsfeldwebel der Wehrmacht in Russland zeigt und damit Bezug zu weiteren auf seinen Kriegserfahrungen beruhenden Anschauungen nimmt. Daneben, im Eingangsbereich zum Auditorium, zeigt eine Tafel das entscheidende Datum des militärischen Widerstands, den 20. Juli 1944, auf Aluminium geprägt.

Abb. 6: Das Datum des 20. Juli 1944 als Zeichen des Widerstands (Foto: Julia Langer).

Von diesen beiden Polen eingerahmt befindet sich eine illuminierte künstlerische Installation, die den Wurzeln des Sanitätsdienstes der Bundeswehr Raum gibt. Dargestellt ist zunächst das Rote Kreuz als internationales Kennzeichen für Schutz von Personen und Objekten in bewaffneten Konflikten. Es folgt der Leitspruch der Sanitätsakademie „Scientiae – Humanitati – Patriae", der auf die bis heute gültigen Wurzeln akademischer Militärmedizin hinweist. Früher befand sich dieser Dreiklang als Relief über dem Hauptportal der „Kaiser-Wilhelms-Akademie für das militärärztliche Bildungswesen" in Berlin. Schließlich ist das erstmals 1813 gestiftete Eiserne Kreuz als Zeichen sittlich gebundener Tapferkeit zu sehen.

In einem offenen Ausstellungabschnitt führen fünf jeweils vierseitige Informationssäulen die wesentlichen Elemente des Traditionsverständnisses des Sanitätsdienstes auf. Sie liefern ganz bewusst keine chronologische Gesamtschau der Geschichte des Sanitätsdienstes, sondern setzen thematische Eckpunkte im Sinne der Traditionsbildung.

Abb. 7: Die Wurzeln des Sanitätsdienstes (Foto: Julia Langer).

Zur Tradition im Sanitätsdienst der Bundeswehr

Als höchste Bildungseinrichtung und zentrale Ausbildungsstätte des Sanitätsdienstes der Bundeswehr ist es Verpflichtung der Sanitätsakademie, die historisch-politische Bildung, aber auch ein ethisches Bewusstsein bei den Lehrgangsteilnehmern zu fördern bzw. herzustellen. Eine solche Wertebildung befähigt zur kritischen Auseinandersetzung mit dem Sinn des Dienstes und gehört zum Kern des soldatischen Auftrags. Das Wort von einem der entscheidenden preußischen Militärreformer, Gerhard von Scharnhorst, „Bildung verfeinere das Militär", hat auch für den Sanitätsdienst unverändert Gültigkeit. Und im Einsatz wird historisch-politische Bildung ohnehin zu einer Kernkompetenz, denn sie ermöglicht die Einordnung aktueller politischer Zusammenhänge in ihrer Komplexität.

Das Traditionsverständnis der Bundeswehr ist schon von Anbeginn an in Diskussion und stetem Wandel. Die Selbstreflektion darüber hat seit den Ereignissen vom Mai 2017 noch einmal an Fahrt aufgenommen. Bei ihrer Gründung 1956 standen nahezu ausschließlich ehemalige Soldaten der Wehrmacht für das höhere Offizier- und Unteroffizierkorps zur Verfügung und haben sich übrigens sehr erfolgreich in die neue Armee eines demokratischen Rechtsstaats integriert. Ihr Erfahrungshorizont hat das Traditionsverständnis zunächst entscheidend geprägt. Die gesamte Argumentation um Traditionsbildung und Wertevermittlung kann in ihrer besonderen Breite und Tiefe an dieser Stelle nicht dargelegt werden. Auf jeden Fall besteht heute Konsens darüber, dass militärische Leistungen nicht von ihrem politischen Zweck losgelöst betrachtet werden dürfen und dieser war im vom NS-Regime entfesselten Krieg verbrecherisch. Somit kann die Wehrmacht als Institution nicht traditionsbegründend sein, wie es übrigens auch der Traditionserlass von 1982 formuliert. Die Bundeswehr hat deshalb schon früh den Versuch unternommen, eigene Traditionen aus sich selbst heraus zu bilden und zu pflegen. Dies gilt in besonderem Maße für den Sanitätsdienst der Bundeswehr, der auf eine reiche Einsatzgeschichte seit dem Jahre 1960 zurückblickt.

Die fünf Stelen

Unter dem Dreiklang „Wir. Dienen. Deutschland" und davon abgeleiteten Kernsätzen wird daher auf der zentral aufgestellten Informationssäule die eigene Einsatzrealität thematisiert. Dort weisen zudem großformatige Fotos auf Leistungen des Sanitätsdienstes im Einsatz hin. Sie zeigen die Elemente der Verwundetenversorgung und der Rettungskette bis hin zur Behandlung in klinischen Einrichtungen. Damit soll auf die dienstlichen Herausforderungen sowie auf die Verpflichtung aller Angehörigen des Sanitätsdienstes hingewiesen werden, sich auch in einem schwierigen Umfeld im Dienste der Humanitas einzusetzen. Hier unterstützt ein festes Wertegerüst. Um diese zentrale Säule herum gruppieren sich weitere Elemente von Traditionslinien.

So thematisiert eine weitere Stele die preußische Heeresreform im Zuge der Befreiungskriege gegen die napoleonische Fremdherrschaft zu Beginn des 19. Jahrhunderts. Es wird aber nicht nur auf die militärischen Reformen und ihre Protagonisten hingewiesen. Sondern es kommt auch die Geschichte des Eisernen Kreuzes als Tapferkeitsauszeichnung im Wechsel der Zeit und Hoheitszeichen der Bundeswehr zur Sprache. Zudem wird an die Berliner Pépinière erinnert, die erste militärärztliche Bildungsanstalt in der deutschen Militärgeschichte. Sie wurde auf Initiative des damaligen Chefs des preußischen Militärmedizinalwesens, Generalarzt Dr. Johann Goercke, am 2. August 1795 gegründet und stellt die Keimzelle moderner militärärztlicher Ausbildung in deutschen Armeen dar. Zahlreiche hervorragende Persönlichkeiten der deutschen Medizingeschichte, wie beispielsweise Rudolf Virchow, Robert Koch, Emil von Bering und Ernst von Bergmann wurden hier ausgebildet oder dienten sowohl im Lehrkörper als auch im wissenschaftlichen Senat.

Mit dem militärischen Widerstand gegen das NS-Gewaltregime verknüpft sich eine weitere Traditionslinie der Bundeswehr. Deshalb erinnert eine Stele an die tragenden Persönlichkeiten des Widerstands in der Wehrmacht, erläutert ihre Motive und ihr daraus abgeleitetes soldatisches Handeln. Erwähnt werden Generaloberst Ludwig Beck, Generalmajor Henning von Tresckow und Oberst Claus Schenk Graf von Stauffenberg, der am 20. Juli 1944 das Attentat gegen Adolf Hitler ausführte und den letztlich vergeblichen Umsturz im Bendlerblock organisierte. Eingegangen wird auch auf die besondere Bedeutung des Jahrestags des Attentats für die Bundeswehr, denn das Vermächtnis des militärischen Widerstands gegen die NS-Diktatur ist heute wesentlicher Bestandteil der Traditionspflege. Gesondert aufgeführt wird aber auch, als spezieller sanitätsdienstlicher Traditionspfad, die Widerstandsgruppe der „Weißen Rose". Diese überwiegend Münchner Medizinstudenten um Hans Scholl, die als Sanitätssoldaten in der Wehrmacht dienten, verloren ihr Leben auf der Basis ihres christlich und humanistisch geprägten Gewissens im offenen Widerspruch gegen das Gewaltregime.

Eine weitere Säule ist den Sanitätsdiensten der württembergischen, sächsischen und bayerischen Armeen im 19. und frühen 20. Jahrhundert gewidmet. Damit werden föderale Struktur und bundesstaatliche Eigenständigkeiten auch auf militärmedizinischem Gebiet in der deutschen Geschichte anerkannt und der besonderen Leistungen des Sanitätspersonals deutscher Bundesstaaten in der Präventivmedizin, aber auch der Verwundeten- wie Krankenfürsorge gedacht. Als bedeutende Persönlichkeiten und Militärärzte sind hier Friedrich Schiller, August Wilhelm Roth und Johann Nepomuk von Nußbaum verzeichnet. Eine Besonderheit im Hinblick auf die demokratische Traditionspflege um die Revolution 1848/49 stellt das Gedenken an den großherzoglich-badischen Militärarzt Adam Hammer dar. Als überzeugter badischer Republikaner wanderte er nach Amerika aus und diente dort als Militärchirurg der Unionsarmee im amerikanischen Bürgerkrieg. Als Hommage an den Standort München und Bayern gilt das Gedenken an den Bayerischen Militär-Sanitäts-Orden, die einzige „allerhöchste" Tapferkeitsauszeichnung in der deutschen Geschichte, die ausschließlich die Tapferkeit von Sanitätsoffizieren an der Front gewürdigt hat. Die Stiftung des Ordens erfolgte zu Beginn des Ersten Weltkriegs, insgesamt wurden bis 1918 nur zwölf Sanitätsoffiziere in der höchsten Stufe ausgezeichnet.

Die fünfte Stele beleuchtet die Verpflichtung des Sanitätspersonals zur Achtung des Völkerrechts. Dargestellt werden die Gründung des Internationalen Roten Kreuzes 1863 durch Henri Dunant nach der Schlacht von Solferino, die Geschichte der Genfer Konventionen und die Entwicklung des Humanitären Völkerrechts. Für das Sanitätspersonal der Bundeswehr gilt seit „Solferino" eine kodifizierte und international anerkannte Verpflichtung zur humanitären Hilfeleistung in zivilen Notlagen und militärischen Konflikten. Dieser Anspruch bedeutete in der Vergangenheit und beinhaltet auch heute noch in letzter Konsequenz die Inkaufnahme eigener Verwundung bis hin zum Tod. Im Rahmen der konzeptionellen Arbeit innerhalb der Kommission wurde gerade auf diesem Gebiet, der Traditionswürdigkeit von Sanitätsdiensten deutscher Armeen in der Geschichte, intensiv diskutiert. Denn, wie bereits aufgeführt, kann gerade die Wehrmacht als Ganzes nicht traditionsbegründend sein, genauso wenig wie sich eine ungebrochene, gerade Traditionslinie von der Wehrmacht zur Bundeswehr ziehen lässt. Doch gibt uns der Traditionserlass – bei allen Brüchen in der deutschen Militärgeschichte – selbstverständlich auch die Möglichkeit, einzelnen Soldaten, die sich nichts zu Schulden kommen ließen, oder auch deren beispielhaften Handlungen ein ehrendes Gedenken zu ermöglichen. Dies findet seinen Ausdruck in der Erinnerung an zahllose außergewöhnliche Leistungen und den persönlichen Opfermut von Sanitätssoldaten bei der Rettung von Menschen in humanitären Einsätzen, bewaffneten Konflikten und Kriegen. Auch dafür finden sich Beispiele auf den Stelen.

Zusammenfassend geben die Symbole, Präsentationsformen und Inhalte des neugestalteten Foyers der Sanitätsakademie einen identifikationsstiftenden Wertekanon für die Angehörigen des Sanitätsdienstes der Bundeswehr.

Berufliches Selbstverständnis im Sanitätsdienst

Neben der Arbeit an dem neuen Ausstellungskonzept des Foyers widmete sich die Kommission „Tradition und berufliches Selbstverständnis" intensiv der Herleitung und Formulierung eines „Beruflichen Selbstverständnisses im Sanitätsdienst", um das bisherige Leitbild des Sanitätsdienstes der Bundeswehr aus dem Jahre 2001 abzulösen bzw. anzupassen. Dabei sollte es Ziel sein, ein solches Manifest als übergeordnetes verbindendes Element erstmals für alle Angehörigen des Sanitätsdienstes zu erstellen und nicht nur für Sanitätsoffiziere mit ihren besonderen Abhängigkeiten völkerrechtlicher und berufsständischer Art. Die Kommission erarbeitete daher ein Positionspapier „Unser Selbstverständnis", das dem Inspekteur des Sanitätsdienstes der Bundeswehr zur weiteren Bewertung und Diskussion vorgelegt und auch erstmals im September 2013 in der Festschrift zum 50jährigen Bestehen der Sanitätsakademie der Bundeswehr[4] abgedruckt wurde. Dieser Entwurf diente als Grundlage für die weitere zeitaufwändige Bearbeitung bis hin in den Führungskreis des Sanitätsdienstes der Bundeswehr. Schließlich konnte der Inspekteur des Sanitätsdienstes der Bundeswehr am 8. Juli 2015 den Rahmen für das neue „Selbstverständnis des Sanitätsdienstes der Bundeswehr" erlassen und gleichzeitig eine Kurzversion des Dokuments als „Leitbild des Sanitätsdienstes der Bundeswehr" in Kraft setzen[5].

Unter dem Leitsatz *„Der Menschlichkeit verpflichtet"* sind die Identität, das Leistungsspektrum, die Ziele, die Alleinstellungsmerkmale und die Traditionslinien des Sanitätsdienstes in wenigen prägnanten Sätzen zusammengefasst. Diese Kernaussagen prägen einen zukunftsfähigen Sanitätsdienst. Das neue berufliche Selbstverständnis bildet damit ein wesentliches ethisches Fundament, auf dem die Angehörigen des Sanitätsdienstes weiter aufbauen, ihm konkrete Formen geben und es mit Leben erfüllen müssen. Die Kommission hat sich diese Kernfragen appellativ gestellt und darauf Antworten definiert:

- Wer sind wir?
- Was ist unsere besondere Leistung?
- Wofür treten wir ein?
- Was unterscheidet uns von anderen?
- Worauf gründet sich unsere Tradition?
- Worauf sind wir stolz?

Entscheidend war, den Begriff „WIR" zur Vermeidung einer Abgrenzung innerhalb der Angehörigen des Sanitätsdienstes zu verwenden. Angesprochen und mitgenommen werden damit alle Soldatinnen und Soldaten, Mitarbeiterinnen und Mitarbeiter sowie Reservedienstleistende aller Organisationsbereiche (Org-Bereiche). In diesem Sinne erbringen die Angehörigen des Sanitätsdienstes in einem die Disziplinen übergreifenden Ansatz alle notwendigen medizinischen, zahnmedizinischen, veterinärmedizinischen, pharmazeutischen und lebensmittelchemischen Maßnahmen sowie Leistungen. Die Kommission war somit der Ansicht, dass ein solches umfassendes und für alle im Sanitätsdienst Dienenden geltendes Selbstverständnis eine deutlich verbindende Wirkung haben wird und auch als besondere Leistung der Angehörigen des Sanitätsdienstes dargestellt werden kann.

Dabei sind die Angehörigen des Sanitätsdienstes der Bundeswehr genauso Soldatinnen und Soldaten wie diejenigen der anderen Teilstreitkräfte sowie Organisationsbereiche und orientieren sich in ihrem Selbstverständnis an der Kernbotschaft der Bundeswehr in dem Dreiklang: „Wir. Dienen. Deutschland." Und natürlich unterliegen Sanitäterinnen und Sanitäter als Angehörige der Bundeswehr in weiten Teilen den gleichen Rechten und Pflichten wie die Soldatinnen und Soldaten der anderen TSK und Org-Bereiche. Sie sind als Vorgesetzte genauso militärische Führer, Ausbilder und Erzieher. Und natürlich leistet der Sanitätsdienst der Bundeswehr einen entscheidenden Beitrag zur Einsatzbereitschaft, Einsatzfähigkeit und Auftragserfüllung, genauso wie die anderen Teilstreitkräfte.

Was ist nun das Besondere am Selbstverständnis der Angehörigen des Sanitätsdienstes? Tatsächlich versteht sich der Sanitätsdienst als ein militärischer Dienst, der in besonderem Maße dem Auftrag der Menschlichkeit, der Humanitas, verpflichtet ist. Hinzuweisen ist hier insbesondere auf die im Selbstverständnis formulierte Präzisierung im Hinblick auf die strikte Bindung des Sanitätsdienstes an die Genfer Konventionen. Der entscheidende Passus ist hier:

> „Wir nutzen unsere Waffen ausschließlich im Einklang mit dem humanitären Völkerrecht ausschließlich zu Verteidigung unserer Patientinnen und Patienten und zum eigenen Schutz. [...] Und zusätzlich zu den erwähnten Rechten und Pflichten als Soldatinnen und Soldaten unterliegen wir den besonderen Verpflichtungen unserer Heilberufe."[6]

Damit ergeben sich in Ergänzung zu den anderen TSK und Org-Bereichen besondere Normen und Werte für die Angehörigen des Sanitätsdienstes nicht nur aus dem Grundgesetz, den Prinzipien der Inneren Führung, dem internationalen Völkerrecht, Traditionen und ethisch-moralischen Prinzipien, sondern berühren „in hohem Maße militär- und vor allem medizinethische [speziell wehrmedizinethische] sowie handlungs- und werttheoretische Erörterungen zu berufs- und standesrechtlichen Fragen, [...] zu Menschenbildern, zum Arzt-Patient-Verhältnis und zu anderen Bereichen des medizinischen Alltags"[7].

Dabei umfasst der besondere Auftrag des Sanitätsdienstes der Bundeswehr den Schutz, den Erhalt und die Wiederherstellung der Gesundheit der Soldatinnen und

Soldaten. Im Einsatz versorgen die Angehörigen des Sanitätsdienstes entsprechend diesem Auftrag die deutschen Soldatinnen und Soldaten, die Soldatinnen und Soldaten der Partnernationen und alle anderen anvertrauten Patientinnen und Patienten und setzen dafür notfalls ihr Leben ein. Es gilt die Maxime, die anvertrauten Soldatinnen und Soldaten weltweit so zu versorgen, dass das Ergebnis dem fachlichen Standard in Deutschland entspricht. Dieser hohe Anspruch ist Auftrag und ethische Verpflichtung zugleich. Selbstverständlich gilt die Maxime auch im Rahmen der Landes- und Bündnisverteidigung, was bereits bei der Konzeption der „Fachlichen Leitlinie" im Jahre 1995 auch bewusst formuliert worden ist. Als professioneller und einer der weltweit besten Sanitätsdienste erfolgt alles Handeln auf der Basis dieses Qualitätsanspruchs. Er darf auf keinen Fall in Frage gestellt werden und ist übrigens von den anderen Teilstreitkräften und der politischen Führung gebilligt. Die Mengengerüste mögen sich im Umfeld neuer Strukturen oder Einsatzoptionen nun verändern, trotzdem hat sich der Sanitätsdienst auf die gewohnte Ergebnisqualität wie in Deutschland zu fokussieren.

Ein weiteres wichtiges Element im Auftrag des Sanitätsdienstes nimmt zu den fachlichen Standards Stellung: Der Sanitätsdienst der Bundeswehr stellt im Inland die gesundheitliche Versorgung und Begutachtung nach den geltenden Standards und dem aktuellen Stand der Wissenschaft sicher: Im Falle von Großschäden und Katastrophen steht der Sanitätsdienst bereit, mit allen zur Verfügung stehenden Kräften und Mitteln den Betroffenen Hilfe zu leisten. Auf das im „Selbstverständnis" der Angehörigen des Sanitätsdienstes ebenfalls beschriebene Traditionsverständnis ist bereits hingewiesen worden. Die Angehörigen des Sanitätsdienstes setzen sich aktiv mit der Geschichte deutscher Sanitäts- und Veterinärdienste auseinander, überblicken Kontinuitäten und Diskontinuitäten und erkennen die besonderen Leistungen und den Opfermut ihrer Angehörigen bei der Rettung von Menschen und der Erfüllung ihrer spezifischen Aufgaben an.

Das aus dem ausführlichen beruflichen Selbstverständnis abgeleitete Leitbild des Sanitätsdienstes der Bundeswehr nimmt unter einem für alle Angehörigen verbindenden Anspruch kurz und prägnant Stellung zu dem Wertekonsens des Sanitätsdienstes. Es gibt nach innen Orientierung, ist handlungsleitend und motivierend für den Einzelnen und die Organisation an sich. Nach außen macht es deutlich, wofür der Sanitätsdienst steht. Das Leitbild ist zudem Richtschnur und Orientierungshilfe und dient der Entwicklung einer Corporate Identity. Als übergeordnetes verbindendes Element, als allgemeiner Konsens soll damit auch der „Esprit de Corps" in dem weit diversifizierten Sanitätsdienst gefördert werden und den Angehörigen Stolz auf ihre Organisation ermöglichen. Abschließend soll auf weiterführende Beiträge zum „Beruflichen Selbstverständnis im Sanitätsdienst" verwiesen werden.[8] Autor ist der Beauftragte des Inspekteurs des Sanitätsdienstes für Geschichte, Theorie und Ethik der Medizin (BEA GTE), Oberstarzt Prof. Dr. Ralf Vollmuth.

Literaturverzeichnis

HARTMANN (2014): Volker Hartmann, Tradition und berufliches Selbstverständnis an der Sanitätsakademie der Bundeswehr, Wehrmedizin und Wehrpharmazie 38 (2014), Nr. 2, S. 28-30

SANITÄTSAKADEMIE 50 JAHRE (2013): Sanitätsakademie der Bundeswehr München. [50 Jahre. 1963 – 2013], hrsg. von der Sanitätsakademie der Bundeswehr unter Redaktion von Hans-Jürgen Müller und Sven-Friedrich Pape, München 2013

SELBSTVERSTÄNDNIS DES SANITÄTSDIENSTES DER BUNDESWEHR (2015): Erlass Kommando Sanitätsdienst der Bundeswehr, Inspekteur, Koblenz 08. Juli 2015

VOLLMUTH (2013): Ralf Vollmuth, Das berufliche Selbstverständnis im Sanitätsdienst im historischen und ethischen Kontext, Wehrmedizin und Wehrpharmazie 37 (2013), Nr. 3, S. 31-33

VOLLMUTH (2016a): Ralf Vollmuth, Sanitätsdienst zwischen Medizinethik und militärischem Auftrag, Wehrmedizinische Monatsschrift 60 (2016), S. 113-117

VOLLMUTH (2016b): Ralf Vollmuth, Rückblick und Weitsicht. Sanitätsdienst im Fokus. Eine essayistische Annäherung, Wehrmedizin und Wehrpharmazie 40 (2016), Nr. 4, S. 22-25

Adresse des Verfassers

Flottenarzt Dr. Volker Hartmann
Sanitätsakademie der Bundeswehr
Neuherbergstraße 11
D-80937 München
volkerhartmann@bundeswehr.org

Anmerkungen

[1] Vortrag, gehalten im Rahmen des 5. Wehrmedizinhistorischen Symposiums, veranstaltet von der Gesellschaft für Geschichte der Wehrmedizin e.V. in Verbindung mit der Sanitätsakademie der Bundeswehr am 19.11.2013 in München. – Der Vortragstext wurde an einigen Stellen überarbeitet, ergänzt und aktualisiert.

[2] Vgl. HARTMANN (2014).

[3] http://www.ggwm.de/Website/Berichte_Archiv.php.

[4] SANITÄTSAKADEMIE 50 JAHRE (2013), S. 61-68.

[5] SELBSTVERSTÄNDNIS DES SANITÄTSDIENSTES DER BUNDESWEHR (2015).

[6] SELBSTVERSTÄNDNIS DES SANITÄTSDIENSTES DER BUNDESWEHR (2015).

[7] VOLLMUTH (2016b), S. 23.

[8] Vgl. z.B. VOLLMUTH (2013) und VOLLMUTH (2016a) und (2016b).

Teil 2

Napoleons Russlandfeldzug und die Völkerschlacht
bei Leipzig

Europa in der Ära Napoleons

EUROPE IN THE NAPOLEONIC ERA

von Mirko Urbatschek[1]

Zusammenfassung:
Der vorliegende Beitrag beleuchtet die politische Situation Europas im frühen 19. Jahrhundert und beschreibt die militärischen Verläufe sowie die Ergebnisse der fünf Koalitionskriege zwischen 1792 und 1809. Darüber hinaus wird der Einfluss Napoleon Bonapartes auf die Organisation und Kampfkraft der Grande Armée untersucht. Kernpunkt der Ausbildung seiner Soldaten zu Beginn seiner Herrschaft war die ständige Verschmelzung neuer Rekruten mit kampferprobten Veteranen. Steigende Verluste und die damit verbundene Reduzierung infanteristischer Kampfkraft führte zur Stärkung anderer Waffengattungen, wie beispielsweise der Artillerie. Gleichzeitig initiierte Napoleon den Umbau seiner Armee durch Aufstellung von Armeekorps, Divisionen und Brigaden, die eine eigenständige mobile Gefechtsführung ermöglichten. Durch das politische Agieren Russlands sah sich der französische Kaiser im Jahre 1812 zum „Campagne de Russie" – dem Russlandfeldzug – genötigt. Bereits zu diesem Zeitpunkt zeigte das „System Napoleon" Risse und Anzeichen von innen- sowie außenpolitischer Schwächung – Napoleon Bonaparte hatte seinen Kulminationspunkt überschritten.

Schlüsselwörter:
Napoleon Bonaparte, Koalitionskriege, französische Armee, Kriegsführung Napoleons, Kontinentalsperre

Summary:
This article looks at the political situation in Europe in the early 19th century and describes the courses of military events and results of the five Coalition Wars fought between 1792 and 1809. It furthermore examines the influence that Napoleon Bonaparte had on the organization and combat power of the Grande Armée. At the beginning of his rule, the training his soldiers underwent centred around permanently merging new recruits with battle-hardened veterans. An increase in casual-

ties and the resulting decrease in infantry combat power led to a strengthening of other branches, such as the artillery. At the same time, Napoleon initiated the restructuring of his army by ordering the formation of army corps, divisions and brigades, which then enabled independent mobile combat operations to be conducted. Because of Russia's political activities, the French emperor saw himself compelled to start the "Campagne de Russie" - Russian campaign - in 1812. By then, however, the "Napoleonic system" was already showing cracks and signs of enfeeblement in home and foreign affairs; Napoleon Bonaparte had passed his point of culmination.

Keywords:
Napoleon Bonaparte, coalition wars, French army, Napoleon's warfare, continental system

Das 18. Jahrhundert in Europa – es begann mit Krieg und endete mit Krieg. Ging es zu Beginn dieser Ära der „Kriegsverdichtung" noch um den Aufstieg zu oder um die Anerkennung als eine der fünf europäischen Großmächte (zum Beispiel das zaristische Russland oder das aufstrebende Preußen), so wurde zu Ende dieses Jahrhunderts um die Hegemonie eines einzelnen Nationalstaates – des postrevolutionären Frankreich – auf dem europäischen Kontinent gerungen. Und dieses Ringen war zumindest in der öffentlichen Wahrnehmung dieses Zeitalters in hohem Maße mit dem Schicksal jenes Korsen verbunden, der am 15. August 1769 in Ajaccio als vierter Sohn einer dem niederen Adel zugehörigen Familie das Licht der Welt erblickte: Napoleone Buonaparte.

Das Schicksal Europas in den Jahren zwischen 1789 und 1815 allein anhand der militärischen und politischen Machtfülle Napoleons zu skizzieren, die Dominanz Frankreichs allein auf seine „Lichtgestalt" zurückzuführen, ist auf den ersten Blick verführerisch – und wäre vermutlich schneller erzählt. Betrachtet man jedoch die militärischen Erfolge, die politischen Errungenschaften oder auch die gesellschaftlichen Visionen detaillierter und wirft den Blick zudem auch auf die Seite seiner Gegner im Inneren wie im Äußeren, wird die Notwendigkeit einer stärkeren Differenzierung augenfällig. Um den Rahmen dieser knappen Einführung in das Europa des frühen 19. Jahrhunderts nicht zu sprengen, konzentrieren sich die nachfolgenden Betrachtungen auf drei Leitfragen:

- Wie entwickelte sich die politische Hegemonie Frankreichs im frühen 19. Jahrhundert und welchen Anteil daran hatte Napoleon nach seinem Staatsstreich im Jahre 1799?
- Wie konnte in Frankreich binnen weniger Jahre aus den Resten einer ehemals absolutistischen Armee eine den europäischen Kontinent dominierende Streitmacht entstehen und welcher Anteil an den militärischen Erfolgen nach 1795 ist Napoleon selbst zuzuschreiben?
- Gibt es bereits vor dem Scheitern des russischen Feldzuges im Jahre 1812 Hinweise auf das Überschreiten des Kulminationspunktes des „Systems Napoleon" und wenn ja, wie sind diese zu bewerten?

Noch Ende des Jahres 1791 war die Revolution ein in vielen Aspekten rein innenpolitisches Problem Frankreichs. An den benachbarten Fürstenhöfen herrschte eher Desinteresse an den Vorgängen (Russland und Schweden einmal ausgenommen), hatte diese Revolution doch Frankreich als europäischen Machtfaktor zunächst ausgeschaltet. Erst nach dem Fluchtversuch Ludwigs XVI., der Verstaatlichung des kirchlichen und ausländischen Besitzes und durch die französische Kriegserklärung an den böhmischen und ungarischen König Franz II. geriet das Schicksal Frankreichs erneut in den Fokus der anderen europäischen Großmächte. Aus Sicht der Nationalversammlung hatte der erste Koalitionskrieg von 1792 bis 1797 zweierlei Motive: zum einen die Durchbrechung der innenpolitischen Blockade zwischen revolutionären und monarchischen Kräften, zum anderen die Ausdehnung Frankreichs an seine „natürlichen Grenzen" (Rhein, Pyrenäen, Alpen) und damit auch den Export der Errungenschaften der Revolution ins benachbarte europäische Ausland. Auf Seiten der Gegner Frankreichs fochten zunächst im Schwerpunkt Österreich und Preußen diesen Krieg; ihnen schlossen sich später auch das Heilige Römische Reich Deutscher Nation, Großbritannien, Spanien und Russland an. Militärisch und vor allem politisch geriet dieser für die gegnerische Koalition nach Anfangserfolgen immer mehr zu einem traumatischen Erlebnis. Der Krieg war bis 1796 militärisch durchaus nicht entschieden; letzten Endes war es vor allem der politische Zerfall der Koalition (Austritt Preußens und Sonderfrieden von Basel im Jahre 1795), der Frankreich zusammen mit den militärischen Erfolgen Napoleons in Italien auf die Gewinnerstraße führte. Mit dem Frieden von Campo Formio im Oktober 1797 fielen wichtige Richtungsentscheidungen für Europa: Frankreich gewann nicht nur das linke Rheinufer und eine spürbare Dominanz im oberitalienischen Raum; mit dem Friedensschluss begann de facto auch die Selbstauflösung des Heiligen Römischen Reiches Deutscher Nation durch die Vorboten der späteren Säkularisation und Mediatisierung. Großbritannien, neben Russland das letzte verbliebene Mitglied der ersten Koalition gegen Frankreich, blieb bis zur Entscheidung bei Waterloo im Juni 1815 der erbittertste Gegner einer französischen Hegemonie in Europa und imperialer Konkurrent zugleich.

Der zweite Koalitionskrieg der Jahre 1798/99 bis 1802 brachte Frankreich auf dem Weg zur europäischen Dominanz erheblich voran. Vor allem ermöglichte er Napoleon nach dem Staatsstreich des 10. November 1799, die aus seiner Sicht längst überfällige Neuordnung Mitteleuropas zunächst militärisch und im Anschluss daran politisch in Angriff zu nehmen. Die anfangs in der europäischen Peripherie erfolgreiche antifranzösische Koalition zwischen Russland, Großbritannien, dem Heiligen Römischen Reich Deutscher Nation und Österreich zerbrach an den divergierenden politischen Zielsetzungen der einzelnen Mitglieder. Militärische Erfolge Napoleons in Italien sowie Moreaus in Süddeutschland führten schließlich zum Frieden von Lunéville im Februar 1801 zwischen Frankreich, dem Heiligen Römischen Reich Deutscher Nation sowie Österreich – im Grunde eine Bestätigung der Ergebnisse von Campo Formio. Auch Großbritannien schloss nach einem Umsturz im Innern im März 1802 mit Frankreich den Frieden von Amiens. Obgleich beide Friedensschlüsse nur kurz währten, waren sie wegweisend für die Zukunft: Nach ihnen begann Napoleon mit der Errichtung einer monarchischen Ordnung im postrevolutionären Frankreich, die in seiner Selbstkrönung am 2. Dezember 1804 gipfelte. Zudem kam es zu einer konservativen Wende in der französischen Politik: Konkordat, Personenkult, die Gründung der „Legion d'honneur" und die Rückkehr zu indirekten Steuern. Schließlich ging Napoleon nach dem Frieden von Amiens daran, ein Sicherheitsglacis zwischen Frankreich und den gegnerischen Kontinentalmächten zu schaffen: die Geburtsstunde des napoleonischen „Kontinentalsystems", einem Konglomerat aus Sicherheitsinteressen jenseits der „natürlichen" Grenzen des postrevolutionären Frankreichs, aus vagen Hoffnungen auf zunächst freiwillige politische Umgestaltung in den kleineren Staaten des Kontinents nach französischem Vorbild und aus wirtschaftlich-merkantilistischen Erwägungen. Hinzu kam ein weiterer, eher pragmatischer Aspekt napoleonischer Herrschaftssicherung: die Versorgung der Familienangehörigen und enger Vertrauter mit Königreichen und Fürstentümern in ganz Europa.

Im Mai des Jahres 1803 begannen erneut militärische Auseinandersetzungen zwischen Frankreich und Großbritannien – beide Seiten vermochten ihre Verpflichtungen aus dem Frieden von Amiens nicht zu erfüllen. Der dritte Koalitionskrieg des Jahres 1805, in dem bereits die süddeutschen Staaten auf Seiten Napoleons fochten, brachte der gegnerischen Koalition schwere Niederlagen zu Lande in Bayern und in Mähren bei. Jedoch verlor Frankreich nach der Seeschlacht von Trafalgar jedwede Möglichkeit einer Niederringung Großbritanniens und musste dessen uneingeschränkte Vorherrschaft zur See anerkennen. Napoleon ging nun daran, das Heilige Römische Reich Deutscher Nation endgültig zu zerschlagen. Nach dem Frieden von Pressburg vertrieb er Österreich aus weiten Teilen Deutschlands sowie Italiens und suchte Großbritanniens Einfluss auf dem Kontinent durch den Übergang des Kurfürstentums Hannover auf Preußen zu beenden. Mit der Gründung des Rheinbundes im Juli 1806, dem insgesamt 16 deutsche Staaten – darunter auch die beiden neuen Königreiche Bayern und Württemberg – beitraten und damit die französische Dominanz in Mitteleuropa anerkannten und festigten, ging das Heilige Römische Reich Deutscher Nation zu Ende: Nach der Niederlegung der Kaiserkrone durch Franz II. im August 1806 hörte es auf zu existieren. Innerhalb von etwas mehr als zehn Monaten war es Napoleon gelungen, um Frankreich herum ein großes Reich – das Empirè – zu errichten: eine Föderation aus organisierten (in der Hand seiner nahen Anverwandten und engster Vertrauter) sowie unterworfener und im Anschluss zwangsverbündeter Staaten.

Nach den erneuten französischen Erfolgen auf den Schlachtfeldern Europas war es das seit 1795 in der bewaffneten Neutralität befindliche Preußen, welches zusammen mit Großbritannien, Russland und Sachsen im Oktober 1806 den vierten Koalitionskrieg gegen Frankreich eröffnete. Der erste Feldzug endete für Preußen katastrophal. Seine Armee wurde am 14. Oktober 1806 bei Jena und Auerstedt vernichtend geschlagen, die preußischen Kernlande und Berlin wurden durch französische Truppen besetzt. Die militärische Entscheidung fiel im Juni 1807 bei Friedland. Der sich anschließende Frieden von Tilsit brachte den Beitritt des zaristischen Russland zur bereits im November 1806 verkündeten Kontinentalsperre, dem Versuch des Ausschlusses englischer Waren aus dem französischen Machtbereich. Dieser Wirtschaftsblockade traten bis 1808 nahezu alle Staaten des französischen Macht- und Einflussbereiches bei; ihre Auswirkungen waren zumindest phasenweise wirtschaftlich bedrohend für Großbritannien.

Während Napoleon durch Interventionen im Kirchenstaat, in Portugal und Spanien die Kontinentalsperre im Mittelmeerraum ausdehnte, suchte Österreich die Passivität Frankreichs in Zentraleuropa, begünstigt durch die abwartende Haltung des zaristischen Russland, zu nutzen. Im fünften Koalitionskrieg des Jahres 1809 kam es zu ersten krisenhaften Erschütterungen – sowohl politisch als auch militärisch. Der erfolgreiche bayerische Frühjahrsfeldzug fand in Österreich mit Ausnahme des teuer erkauften Sieges von Wagram keine besonders glückliche Fortsetzung; englische Truppen gingen erstmals mit Erfolg in Portugal und den Niederlanden gegen französische Verbände vor; in Frankreich selbst kam es zu ersten ernstzunehmenden Verschwörungsversuchen gegen Napoleon. Erst der Friede von Wien im Oktober 1809 – in Verbindung mit einer erfolgreichen Intervention in Spanien – half, die Lage militärisch zunächst zu stabilisieren. Wirtschaftlich führte die Kontinentalsperre eher in eine Sackgasse: Die negativen Auswirkungen auf die französische und die verbündeten Wirtschaften wurden zunehmend stärker als die eigentlich intendierten Erfolge der Aussperrung des britischen Kontinentalhandels.

Bevor sich der Blick hin auf die unmittelbare Vorgeschichte des Russlandfeldzuges des Jahres 1812 wendet, lohnt es sich, einmal das Instrument napoleonischer Machtausübung schlechthin – die französische Armee – etwas näher zu beleuchten. War es tatsächlich das alle überragende militärische Genie Napoleons, welches ausschlaggebend für die Erfolge Frankreichs zwischen 1794 und 1809 war? Schufen allein seine Militärreformen nach 1799 die Basis für die späteren Erfolge? Oder waren seine militärischen Erfolge auch Ergebnis der strategischen, operativen und taktischen Schwäche seiner Gegner?
Die Gründe des militärischen Erfolges Frankreichs und der Niederlagen der gegnerischen Koalitionen werden oftmals am Beispiel der Kanonade von Valmy am 20. September 1792 illustriert. Die revolutionäre und nationale Begeisterung der französischen Freiwilligenarmee hätten eine überlegene preußische Invasionsarmee entscheidend gestoppt – und somit die Wende im ersten Koalitionskrieg herbeigeführt. Tatsächlich war es eher die Furcht des preußischen Oberkommandierenden – des Herzogs von Braunschweig – vor einem Misserfolg, der ihn vom Angriff seiner durch die Ruhr geschwächten Verbände gegen die taktisch klug stehenden französischen Kräfte unter Kellermann absehen ließ. Betrachten wir schließlich die Folgeschlachten des ersten Koalitionskrieges, so sind die französischen Erfolge zumeist

einer deutlichen zahlenmäßigen Überlegenheit in diesen Gefechten geschuldet. Die intensivere Ausbeutung des menschlichen Potentials, welche durch die Ausrufung der „Levée en masse" nach einer Forderung Lazare Carnots im August 1793 erst ermöglicht wurde, unterschied Frankreich lange Zeit von den übrigen Staaten. Dennoch blieben die Aushebungen unter Napoleon selbst im Krisenjahr 1813, gemessen an der Gesamtbevölkerung, deutlich unter dem Anteil der Einberufenen im Jahre 1794 zurück. Die Grande Nation war kein ganzer Staat unter Waffen – kein einziger Wehrpflichtigenjahrgang zwischen 1793 und 1814 wurde zu mehr als der Hälfte eingezogen. Hinzu kam das Problem der Desertion und der Dienstverweigerung vor allem in weniger revolutionär geprägten Departements.

Zudem war die französische Armee seit Beginn der Revolutionszeit schlecht ausgerüstet – Waffen und Munition waren nie in wirklich benötigtem Umfang vorhanden, von einheitlicher Uniformierung konnte kaum die Rede sein. Die Revolutionsarmee als auch die Armeen Napoleons glichen zuweilen eher einem wilden Haufen als einer Grande Armée. Gerade diese Unvollkommenheit – vor allem im logistischen System – war paradoxerweise auch ein Garant der frühen Erfolge. Indem die Soldaten gezwungen waren, aus dem Lande zu leben, wurden die Vormarschwege für den Gegner unkalkulierbar. Ohne schwere Ausrüstung belastet, vermochten die Soldaten deutlich schneller und weiter als ihre Gegner zu marschieren. Hinzu kam ein oftmals sehr ausgeprägtes Improvisationstalent vor allem in der Eröffnung und im Führen von Gefechten, welche eine Berechnung französischer Intentionen auf Seiten der Gegner nur schwer möglich machten.

Im Hinblick auf die Ausbildung der aufzustellenden Kontingente setzte Napoleon die Praxis der fortlaufenden Verschmelzung neuer Rekruten mit kampferprobten Veteranen vergangener Feldzüge oder Altgedienten der ehemals königlichen Armee fort. Grundlegende Ausbildung wurde nahezu ausschließlich im zentralen Lager von Boulogne betrieben. Die stetig abnehmende Zahl kampferprobter Veteranen führte im Verlauf der Feldzüge zu merklichen Einbußen in der Qualität der Truppe. Geringere Beweglichkeit, eingeschränkte Manövrierfähigkeit und vor allem nachlassendes Stehvermögen waren augenfälligste Auswirkungen auf die Armee Napoleons und wirkten sich nach dem vierten Koalitionskrieg auch maßgeblich auf die Möglichkeiten der weiteren französischen Gefechtsführung aus. Napoleon waren diese Einschränkungen durchaus bewusst. Der abnehmenden infanteristischen Kampfkraft suchte er durch eine stärkere Betonung der Rolle der Artillerie zu begegnen – bei seiner Herkunft als Artillerist auch kaum verwunderlich. Zunehmend spielte die Ausbildung der Artillerie und deren Funktion als Schwerpunktwaffe und ein die Schlacht mitentscheidendes Instrument eine immer stärkere Rolle. Aber auch Napoleon vermochte dem insgesamt abnehmenden Modernisierungsgrad in der Bewaffnung der Truppengattungen der Grande Armée nicht entscheidend zu begegnen. Wichtige Neuerungen führte er hingegen vor allem in Bezug auf die allgemeine Organisation der Armee ein. Im Jahre 1804 initiierte er in Boulogne die Schaffung von Armeekorps. Diese umfassten neben einem Kern von zwei bis drei Infanteriedivisionen eine Brigade Kavallerie, mehrere Artillerieverbände, Pioniereinheiten sowie ab 1807 eigene Trainverbände, die durch eine moderne Stabsorganisation geführt wurden und zur eigenständigen, mobilen Gefechtsführung in den zum Teil weit auseinanderliegenden Operationsgebieten befähigt waren. Hinzu kamen eine starke Kavallerie- und Artillerie-Reserve sowie die 1813 fast 90 000 Mann aller Waffengattungen umfassende kaiserliche Garde als Mittel der eigentlichen Schlachtentscheidung. Operativ gesehen war Napoleon der klassische Vertreter des Bewegungskrieges – oftmals improvisiert auf allen Ebenen der Gefechtsführung. In der taktischen Führung verließ er sich auf zwei wiederkehrende Elemente: das Manöver in den Rücken des Feindes und den Angriff mit verkehrten Fronten (Ulm 1805) sowie die Konzentration aller Kräfte im Zentrum der Gefechtsaufstellung mit anschließender Überwältigung der gegnerischen Staffeln (Austerlitz 1805).

Mit dem fünften Koalitionskrieg 1809 und den unerwarteten Schwierigkeiten im Zuge der Befriedung der iberischen Halbinsel nach 1807 wurden jedoch auch die Grenzen des napoleonischen „Kriegssystems" deutlich. Das Prinzip des Lebens aus dem Lande funktionierte nur zufriedenstellend in reicheren Ländern und nicht allzu ausgedehnten Kriegsschauplätzen wie Norditalien oder Süddeutschland. Erfolge konnte die riskante Operationsführung vor allem dort erzielen, wo der Gegner nicht entweichen konnte und Napoleon seine Armeekorps auch fest im Griff hatte. Glänzende Siege wurden in Reihe erzielt, solange die französische Armee klassischen Armeen des Typus „Ancien-Régime" gegenüberstand und diese Staaten noch unfähig waren, aus ihren Niederlagen zu lernen und sich gezielt den Schwächen des französischen Systems anzunehmen.

Kehren wir nunmehr zurück zur Vorgeschichte des Feldzuges, der später zum Wendepunkt der militärischen Erfolgsgeschichte Napoleons werden sollte: der „Campagne de Russie".

Nach dem Ende des fünften Koalitionskrieges zeigten sich erste, ernstzunehmende Risse im „System Napoleon". Seine persönliche Herrschaft nahm immer despotischere Züge an, in den besetzten und zwangsangegliederten Gebieten regte sich zunehmender Widerstand (so in Spanien oder Tirol), das „Kontinentalsystem" und vor allem die Kontinentalsperre – der Wirtschaftskrieg gegen Großbritannien – führte zu starken wirtschaftlichen Verwerfungen vor allem in den Reihen der verbündeten Staaten. Das „System Napoleon" hatte seinen Kulminationspunkt erreicht – auch Napoleon selbst zeigte zunehmende Anzeichen persönlicher Erschöpfung. Der Beitritt Russlands zur Kontinentalsperre 1807 nach dem Frieden von Tilsit führte das Zarenreich und andere Staaten des Kontinents Ende 1810 an den Rand des wirtschaftlichen Zusammenbruchs. Folgerichtig begann sich Zar Alexander I. zu Jahresbeginn 1811 merklich aus dem Wirtschaftskrieg gegen England zurückzuziehen. Hinzu kamen zunehmende Konflikte mit Russland im Hinblick auf die Restitution eines polnischen Staates. Napoleon gelangte zur Überzeugung, dass ein Krieg gegen das Zarenreich zur Aufrechterhaltung der französischen Dominanz in Europa unausweichlich war. Dieser sollte die letzte verbliebene militärisch bedeutsame Kontinentalmacht vollends in ein französisch dominiertes Europa pressen und die Stellung des Empirè mittel- und langfristig unantastbar machen. Gegen Ende des Jahres 1811 rüsteten beiden Seiten zum Krieg. Einen Krieg, der in den Beiträgen von Flottenarzt Dr. Hartmann und Oberstleutnant Mellentin medizinhistorisch und operationsgeschichtlich näher beleuchtet wird.

Literatur und Nachweise beim Verfasser

Literaturempfehlungen:

DUFRAISSE (2005): Roger Dufraisse, Napoleon. Revolutionär und Monarch, München 2005

FAHRMEIR (2010): Andreas Fahrmeir, Revolutionen und Reformen. Europa 1789-1850, München 2010

MAYER (2012): Karl J. Mayer, Napoleons Soldaten, Darmstadt 2012

PRICE (2015): Munro Price, Napoleon. Der Untergang, München 2015

THAMER (2013): Hans-Ulrich Thamer, Die Französische Revolution, München 2013

ZAMOYSKI (2012): Adam Zamoyski, 1812. Napoleons Feldzug in Russland, München 2012

Adresse des Verfassers

Oberstleutnant Mirko Urbatschek M.A.
Sanitätsakademie der Bundeswehr
Neuherbergstraße 11
D-80937 München
mirkobernhardurbatschek@bundeswehr.org

Anmerkungen

[1] Vortrag, gehalten im Rahmen des 5. Wehrmedizinhistorischen Symposiums, veranstaltet von der Gesellschaft für Geschichte der Wehrmedizin e.V. in Verbindung mit der Sanitätsakademie der Bundeswehr am 19.11.2013 in München. – Der Vortragstext wurde im Wesentlichen beibehalten.

Zwischen Hybris und Katastrophe: Napoleons Russlandfeldzug aus operativer Sicht

BETWEEN MEGALOMANIA AND CATASTROPHE: THE FRENCH INVASION OF RUSSIA FROM AN OPERATIONAL POINT OF VIEW

von Rufin Mellentin[1]

Zusammenfassung:
Der vorliegende Beitrag gibt einen Überblick über den Russlandfeldzug Napoleons im Jahre 1812 aus operativer Sicht.
Napoleon überschritt mit 450 000 Mann der ersten Welle in der Mittsommernacht 1812 die Memel. Durch die Strapazen des Vormarsches sank die Truppenstärke Napoleons rapide.
In der Schlacht von Borodino waren die Truppenstärken der Grande Armée und der russischen Truppen fast ausgeglichen. Beide Seiten deklarierten den Ausgang der Schlacht als Sieg. Als Napoleon daraufhin in Moskau einzog, kam es zum „Brand von Moskau". In dessen Folge entschied sich Napoleon, so schnell wie möglich den Heimmarsch anzutreten.
Der Übergang über die Beresina durch die napoleonischen Truppen gilt oft als Höhepunkt ihrer Niederlage in Russland, ist aber als taktischer Erfolg anzusehen.

Schlüsselwörter:
Napoleon, Clausewitz, Russlandfeldzug, Grande Armée, Borodino, Brand von Moskau, Übergang über die Beresina

Summary:
This article provides an overview of the French invasion of Russia in 1812 from an operational point of view.
On 24 June 1812, Napoleon crossed the river Neman with a first wave of 450 000 men. The strain of the advance led to a rapid decline in the number of Napoleonic troops.
At the Battle of Borodino, the Grande Armée was pitted against an almost equal number of Russian troops. Both sides declared victory upon the conclusion of hos-

tilities. When Napoleon entered Moscow after the battle, the fire of Moscow broke out. As a consequence, Napoleon decided to retreat as quickly as possible. The crossing of the river Berezina by French troops is often considered to be the low point of French fortunes in Russia but must also be seen as a tactical success.

Keywords:
Napoleon, Clausewitz, French invasion of Russia, Grande Armée, Borodino, fire of Moscow, crossing of the Berezina

Abb. 1: Gemälde am Völkerschlachtdenkmal Leipzig (Quelle: Archiv des Verfassers).

Wenn man mit dem Auto auf den großen Parkplatz vor dem Leipziger Völkerschlachtdenkmal abbiegt, kann man das in Abbildung 1 dargestellte Graffiti bewundern.

Es stellt den Besucher darauf ein, worum es im Kern geht. Um Napoleon und seine imperiale Politik. Er war der „Superstar", der einer ganzen Epoche seinen Stempel aufdrückte. Und diese Epoche ist geprägt durch einen fast 25-jährigen Krieg.

Die europäischen Mächte wandten sich in sechs Koalitionskriegen gegen das revolutionäre Frankreich. Bis auf den Ersten Koalitionskrieg werden sie von der Geschichte auch „Napoleonische Kriege" genannt.

Die abgebildete Kavallerie kann uns einen Hinweis auf die Kriegführung des Feldherrn Napoleon geben. Sie lebte von einer den Gegner überraschenden Geschwindigkeit. Seine operative Kriegführung versuchte, das Heft des Handelns durch hohe Geschwindigkeit der eigenen Truppen und durch Schwerpunktbildung in der Hand zu behalten. Für die Begrifflichkeiten des modernen Krieges wurde das „Armeekorps" zur operativen Größe für den selbständigen „Kampf der verbundenen Waffen". Zur Mobilisierung der dafür benötigten Mengen an Soldaten hat die französische „levée en masse („Massenaushebung")" der modernen allgemeinen Wehrpflicht den Weg bereitet.

In meinem Vortrag werde ich mich im Wesentlichen auf drei Literaturquellen stützen.

Zum einen auf Carl von Clausewitz' Werk „Der russische Feldzug von 1812": Clausewitz ist ein Kind der Napoleonischen Kriege. Als Militärtheoretiker war er Wegbereiter unseres heutigen Verständnisses von operativer Kriegführung, indem er zunächst die Führungsebenen der „Strategie" (oberhalb der operativen Ebene) und der „Taktik" (unterhalb der operativen Ebene) definierte. Er prägte Begriffe wie Ermattungs- und Niederwerfungsstrategie, den „Kleinen Krieg" sowie schließlich den Begriff der „Friktionen" – also die Einflüsse, die jedwede Vorausplanung schon nach wenigen Tagen gegenstandslos werden lassen. Clausewitz ist im Russlandfeldzug als Stabschef eines russischen Armeekorps auf Seiten der Gegner Napoleons zu finden und wird dessen operative Entschlüsse durchaus ohne einen Hinweis auf eine „Hybris" folgerichtig und „fair" kommentieren.

Zum Zweiten zitiere ich aus der neuesten umfangreichen Beschreibung des Russlandfeldzuges, die der polnische Historiker Adam Zamoyski unter dem Titel „1812, Napoleons Feldzug in Russland" im Jahr 2012 vorgelegt hat. Die Polen kämpften zwar auf beiden Seiten, das weitaus größte Kontingent gehörte mit etwa 96 000 Mann jedoch zur „Grande Armée" Napoleons.

Zum Dritten schließlich möchte ich auf Armand de Caulaincourts Klassiker „Unter vier Augen mit Napoleon" aufmerksam machen, worin dieser enge Vertraute und Wegbegleiter Napoleons seine Erinnerungen niederschrieb.

Abb. 2: Gemälde am Völkerschlachtdenkmal Leipzig mit dem Verlauf des Napoleonischen Krieges aus deutscher Sicht, Leipzig steht dabei mit der Völkerschlacht im Zentrum (Quelle: Archiv des Verfassers).

Der Russlandfeldzug von 1812 gilt als der offensive Auftakt zum Sechsten Koalitionskrieg. Nach der Niederlage in Russland wurde Napoleon in die strategische Defensive gedrängt. Nun begann aus deutscher Sicht die zweite Phase, die als „Befreiungskriegskriege" in die deutschen Geschichtsbücher Einzug gehalten hat.
Erster Kulminationspunkt: Die Völkerschlacht bei Leipzig. Auf dem Gemälde in Abbildung 2 fehlt bereits der Iberische Kriegsschauplatz. Hier wurde ein grausamer Partisanenkrieg geführt. Der „kleine Krieg" wurde zur „Guerilla". Im Russlandfeldzug werden wir ihm, nach der durch den Zaren proklamierten „Strategie der verbrannten Erde", in einer spezifisch russischen Form wiederbegegnen, deren Träger die leichten Kosakendetachements werden und die hier wie dort die Bauern zu Tätern und Verlierern machen werden.
Der bloße Blick auf Europa verhindert jedoch den Blick auf die Welt. So führten die USA seit 1812 ihren zweiten Unabhängigkeitskrieg gegen England, dessen Ursachen darin lagen, dass sich die USA dem Verbot Englands widersetzten, mit Frankreich Handel zu treiben. Man kann im Zusammenhang mit der weltweit wirksamen britischen Kontinentalsperre von einem Weltkrieg sprechen, wobei nach der Seeschlacht von Trafalgar 1805 die britische Flotte ihre spanischen und französischen Gegner soweit ausgeschaltet hatte, dass „Great Britain" fortan für die nächsten 100 Jahre die Weltmeere beherrschen konnte. Nachdem der strategische Gegner

Napoleons im Kampf um imperiale Hegemonie nicht mehr direkt angreifbar geworden war, zwang Napoleon die Europäer zum Handelsboykott gegen die Britischen Inseln. Das russische Ausscheren aus der Kontinentalsperre führte schließlich zum Entschluss, durch einen Vorstoß nach Osten den Zaren wieder in die Allianz zu zwingen.

Für Clausewitz gilt nun:

„Die feindlichen Streitkräfte schlagen, zertrümmern, die Hauptstadt erobern, die Regierung in die letzten Winkel des Reiches hindrängen und dann in der ersten Bestürzung den Frieden gewinnen. Das war bisher der Operationsplan seiner Kriege."[2]

Da Russland mit Moskau und St. Petersburg zwei weit voneinander entfernte Hauptstädte habe, sei aus strategischer Sicht Moskau als Primärziel anzusehen:

„Hatte er diese Hautstadt genommen, so durfte er hoffen, die Vorbereitungen zum ferneren Widerstande zu untergraben."[3]

Als Napoleon zur Mittsommernacht 1812 den Grenzfluss, die Memel, nach Osten überschritt, verkündete er seinen Truppen, dass dies zum letzten Mal geschehe und sie danach wieder in den Schoß ihrer Familien zurückkehren könnten. Sobald Moskau genommen wäre, würde der Frieden kommen. Unter den 450 000 Mann der ersten Welle der „Grande Armée" waren über 100 000 deutsche Verbündete der Rheinbundstaaten (32 000 Bayern). Viele Deutsche kämpften bereits als „linksrheinische Neufranzosen" in französischen Regimentern. Am Ende waren mit Trossen über 600 000 Männer (und Frauen), darunter etwa 160 000 Deutsche, 160 000 Pferde und 1000 Kanonen nach Osten gezogen.

Der strategische Raum war gewaltig. Die räumlichen Dimensionen sprengten alles bisher Dagewesene.

Von Dünaburg bis zur russischen Südarmee waren es 800 km Luftlinie. Die Entfernung Paris – Moskau beträgt 2500 Kilometer Luftlinie.

Die strategischen Flanken der Grande Armée wurden im Norden durch das 10. Korps unter dem französischen Marschall Jacques MacDonald, bestehend aus einer französischen und zwei preußischen Divisionen, sowie im Süden durch ein österreichisches Kontingent unter General Karl Philipp zu Schwarzenberg, gesichert.

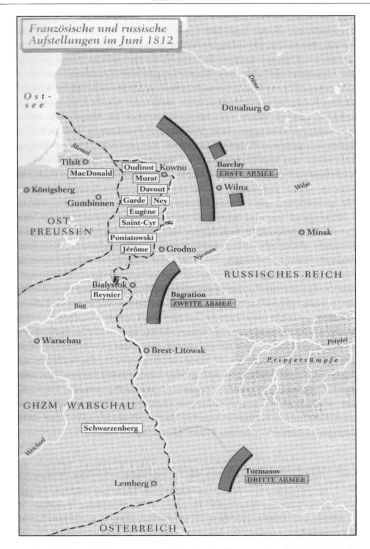

Abb. 3: Französische und russische Aufstellungen im Juni 1812 (mit freundlicher Genehmigung von Peter Palm).

Gegenüber den französischen Zentralkorps waren die Russen in der Unterzahl und wichen in die Tiefe des Raumes aus. Zur zentralen „Friktion" Napoleons entwickelte sich schnell die falsche Lagebeurteilung des Raumes.

Vier Wochen später hatten sich die Korps, aufgrund der russischen Raumdeckung auch gegen die zweite Hauptstadt St. Petersburg, auf 400 Kilometer entfaltet. Napoleon versuchte, die Masse der gegnerischen Kräfte in Richtung Moskau zur Schlacht zu stellen.

Auf der großen Straße nach Moskau zog er mit seinem Gardekorps im Zentrum vor, von jeweils einem Korps flankierend begleitet. Mittlerweile hatte sich auch das Wetter bezüglich des mangelnden und feuchten Pferdefutters als weitere „Friktion" erwiesen.

Bei Smolensk konnte man die Russen schließlich erstmalig fassen. Die Verluste waren allerdings schon vor der Schlacht durch die Strapazen des Vormarsches beachtlich. Hatten die Zentralkorps am 24. Juni 1812 noch eine Stärke von 301 000 Mann gehabt, so waren nach 52 Tagen nur noch 182 000 Mann verfügbar.[4]

In der ersten blutigen Schlacht von Smolensk sah man, was allein die Anwesenheit Napoleons auf dem Schlachtfeld für die Motivation der Truppe bedeuten konnte. Sie ersetzte ein gesamtes Armeekorps – so glaubte es die Truppe! Ein zu Beginn des Symposiums eingespieltes Soldatenlied macht dies deutlich:

> „Ich kenne keine Heimat als einzig die Schwadron, mein Kirchturm ist der Adler [französische Feldzeichen], mein Gott Napoleon."[5]

Zamoyski beschreibt die unwiderstehliche Faszination, die Napoleon ausübte, wenn er es wollte und wo immer er war:

> „Dann saß Napoleon ab und schritt auf die erste Reihe zu. Mit lauter Stimme forderte er die Männer auf, ihm die Namen derjenigen zu nennen, die sich im Kampf besonders ausgezeichnet hatten. Diese beförderte er in den Rang eines Leutnants, [...]."[6]

Bei Napoleon hatte sprichwörtlich jeder Soldat seinen „Marschallstab im Tornister".

Sein Nimbus, und das ist dem französischen Herrscher bewusst gewesen, war allerdings an den Erfolg gekoppelt. Seit dem Drittem Koalitionskrieg schien ihm „die Sonne von Austerlitz". Damals hatte er den General Kutusow in Anwesenheit seines Zaren Alexander vernichtend geschlagen. Die „Vernichtungsstrategie" ging jedoch diesmal nicht auf. Die Masse der russischen Verbände entwich nach Osten, und während die logistischen Schwierigkeiten der Franzosen stiegen, konnten sich die gegnerischen Kräfte konsolidieren.

Dann „Borodino", vor den Toren Moskaus! Die Russen stellten sich erneut zur Schlacht. Napoleon versuchte es „mit der Brechstange" im Zentrum. 130 000 Mann der Grande Armée standen 120 000 Mann unter Michael Kutusow gegenüber. Die Franzosen behaupteten das Schlachtfeld, doch in der Nacht vom 7. auf den 8. September zog sich die russische Armee „nur eine Meile weit bis nach Mohaisk zurück" und „war in einer Ordnung und Schlagfestigkeit, die nach einer verlorenen Schlacht nicht gewöhnlich ist."[7]

Während die Franzosen die Schlacht aus propagandistischen Gründen als „die Schlacht an der Moskwa" feierten, deklarierte Kutusow „Borodino" gegenüber seinem Zaren ebenfalls als Sieg. Für Napoleon war es ein Pyrrhussieg, der zum Einmarsch nach Moskau führte. Doch beim Ausweichen der Russen unter gleichzeitigem Einmarsch der Franzosen entglitt die Situation durch den „großen Brand von Moskau". Napoleon erwartete ein Friedensangebot des russischen Zaren. Als dieses ausblieb, drohte die zerstörte Stadt zur strategischen Falle zu werden. Dazu drohten durch die „Tartarenmeldungen", die nach Frankreich gingen, politische „Friktionen" in Frankreich. So schnell wie möglich den Heimmarsch anzutreten, schien dem Empereur nun folgerichtig.

Hartnäckig hält sich – aufgrund der ex post Sicht der Geschichte – das Urteil, Napoleon musste zwangsläufig in den Untergang marschieren, indem er die gleiche, bereits beim Hinmarsch leergeplünderte Strecke zum Rückmarsch seiner Grande Armée benutzte. Dieser Entschluss wurde schon bald nach der Katastrophe des Rückmarsches als Zeichen einer „Hybris" des Empereurs gedeutet.

Clausewitz nimmt ihn hier in Schutz und bescheinigt ihm, den einzig richtigen Entschluss gefasst zu haben:

> „Wir haben nie begreifen können, wie man so hartnäckig bei der Idee verweilen konnte, dass Bonaparte einen anderen Weg zurück hätte nehmen sollen, als den er gekommen war. Wovon anders hätte er denn leben können als von Magazinen. Was konnte eine Armee, die keine Zeit zu verlieren hatte, immer in großen Haufen biwakieren mußte, eine nicht ausgezehrte Gegend helfen?"[8]

Zunächst wandte sich Napoleon in Richtung Südwesten gegen die aufgeklärten russischen Hauptkräfte, um dem Gegner die Möglichkeit der operativen Initiative gegen seine Nachschublinien im Westen zu nehmen. Nach verlustreichen Reiterschlachten bei Tarutino und Malojaroslawez sowie angesichts des beginnenden russischen Winters geriet der Rückzug schließlich zur Flucht.

Abb. 4: Der Übergang über die Beresina, Gemälde von Jerzy Kossak (1886-1955), Öl auf Leinwand 1929 (mit freundlicher Genehmigung des Militärhistorischen Museums Dresden und David Brandt).

Der Übergang über die Beresina durch die napoleonischen Truppen gilt oft als Höhepunkt ihrer Niederlage in Russland. Tatsächlich war sie ein taktischer Erfolg. Die russischen Verfolger konnten abgelenkt werden, bis das Gros der von Napoleon selbst geführten Korps den Fluss überschritten hatte. Doch die Sicherungstruppen, darunter Schweizer, Badener und Holländer, gingen in den letzten Abwehrkämpfen unter. Nach dem Übergang zerfielen die Reste der Hauptarmee.

Am Abend des 5. Dezember 1812 rief Napoleon seine Marschälle zusammen und entschuldigte sich, zu lange in Moskau geblieben zu sein. Dann stieg er mit Caulaincourt in eine Kutsche (zwei Tage später wurde bis Dresden ein Schlitten benutzt) und fuhr in die Nacht hinein.

Seinem Großstallmeister erklärte er auf der Rückfahrt seine strategischen Überlegungen:

„Zwei Jahre Durchhalten werden die englische Regierung zum Sturz bringen. Man wird sie zum Frieden zwingen, und zwar zu einem Frieden, der den Handelsinteressen aller Nationen gerecht wird. [...] Alle dafür notwendigen Opfer seien gebracht. Nur noch Geduld brauche man, um den Lohn dafür zu ernten."[9]

„Alle" ist in Sperrdruck verfasst! – Hier irrte der Empereur! Aber das konnte er noch nicht wissen....

Die Bevölkerung in den verbündeten Staaten reagierte mit Entsetzen auf die Elendszüge der Überlebenden, aber auch mit Hohn auf Napoleons Niederlage. Darstellungen des Rückzuges und von versehrten Soldaten waren bereits 1813 im Umlauf. Spottlieder wurden gesungen:

> „Es irrt durch Schnee und Wald umher, Das große, mächt'ge Franzosenheer. Der Kaiser auf der Flucht, Soldaten ohne Zucht. Mit Mann und Ross und Wagen. So hat sie Gott geschlagen."[10]

Und schließlich begann jetzt der Prolog zur zweiten Phase des Sechsten Koalitionskrieges. Clausewitz war dabei Kronzeuge.

Die nördliche, strategische Flankensicherung war – von den verlustreichen Kämpfen verschont – an die ostpreußischen Grenzen zurückgekehrt. Zwischen die französischen Truppen des Korps MacDonald und seinen preußischen Verbänden unter General York hatten sich schwache russische Truppen des Generals Dibitsch gelegt. Was folgte, ist schnell erzählt. In der Poscheruner Mühle neutralisierte York durch Eigenmächtigkeit sein preußisches Hilfskorps.

Sein Ungehorsam wird beispielgebend für die Grundsätze der Inneren Führung unserer Bundeswehr.

Abb. 5: Unterschrift der Generäle Yorck und Diebitsch unter der Konvention von Tauroggen vom 30. Dezember 1812 (Quelle: Wikipedia).

Sie ermutigte Preußen zum Austritt aus der Allianz und sorgte für Unruhe in den Rheinbundstaaten. Hier begann Napoleons russische Niederlage zur wahren Katastrophe zu werden. Der Weg führte über Leipzig nach Waterloo. Doch das greift einem neuen Jubiläumsjahr voraus: 2015! Bei den Briten wird es dann „ 200 Jahre Waterloo" heißen, in Preußen hieß es bis 1945 „Belle Alliance".

Literaturverzeichnis

CAULAINCOURTS (1956): Armand de Caulaincourts, Unter vier Augen mit Napoleon, Stuttgart 1956

CLAUSEWITZ (1999): Carl von Clausewitz, Sämtliche hinterlassenen Werke über Krieg und Kriegführung, hrsg. von Wolfgang von Seidlitz, Bd. III: Der Feldzug von 1812 in Rußland. Der Feldzug von 1813 bis zum Waffenstillstand. Der Feldzug von 1814 in Frankreich. Der Feldzug von 1815 in Frankreich, Berlin 1999

ZAMOYSKI (2012): Adam Zamoyski, 1812. Napoleons Feldzug in Russland, München 2012

Adresse des Verfassers

Oberstleutnant Dipl.-Kfm. Rufin Mellentin
Offizierschule der Luftwaffe
Fliegerhorst Fürstenfeldbruck
Straße der Luftwaffe 209
D-82242 Fürstenfeldbruck
rufinmellentin@bundeswehr.org

Anmerkungen

[1] Vortrag, gehalten im Rahmen des 5. Wehrmedizinhistorischen Symposiums, veranstaltet von der Gesellschaft für Geschichte der Wehrmedizin e.V. in Verbindung mit der Sanitätsakademie der Bundeswehr am 19.11.2013 in München. – Der Vortragstext wurde im Wesentlichen beibehalten.

[2] CLAUSEWITZ (1999), S. 159.

[3] CLAUSEWITZ (1999), S. 159.

[4] CLAUSEWITZ (1999), S. 70.

[5] Zeitgenössisches französisches Soldatenlied, Herkunft unbekannt.

[6] ZAMOYSKI (2012), S. 261.

[7] CLAUSEWITZ (1999), S. 114.

[8] CLAUSEWITZ (1999), S. 129.

[9] CAULAINCOURT (1956), S. 126.

[10] Deutsche Volksweise 1813.

Zwischen Hybris und Katastrophe: Napoleons Russlandfeldzug aus Sicht des Sanitätsdienstes

BETWEEN MEGALOMANIA AND CATASTROPHE: NAPOLEON'S RUSSIAN CAMPAIGN FROM THE MEDICAL SERVICE'S POINT OF VIEW

von Volker Hartmann[1]

Zusammenfassung:

Im katastrophalen Feldzug Napoleons nach Russland im Jahre 1812 starben weit mehr Soldaten und auch Zivilisten an Seuchen als an Folgen der eigentlichen Kampfhandlungen. Die Verschiebung großer Truppenmassen aus ganz Europa bis in die Randzonen des Kontinents, eine bis dahin kaum vorgekommene Mobilität, trafen auf damals nur spärlich vorhandene Kenntnisse von Hygiene, Infektionsepidemiologie und medizinischem Grundlagenwissen. In dem Beitrag werden die medizinischen Besonderheiten einer der größten Auseinandersetzungen der Kriegsgeschichte geschildert, beteiligte Ärzte vorgestellt und das Prinzip der damals üblichen chirurgischen Behandlung erläutert. Zur Sprache kommen die fliegenden Ambulanzen, die „ambulances volantes", die im Sinne einer weit vorne stationierten „médecine de l'avant" agierten und den Verwundeten eine rasche Hilfe ermöglichen sollten. Eingegangen wird zudem auf Geschosswirkungen und Verwundungsmuster und die rudimentäre Anschlussversorgung von Verwundeten nach den Gefechten. Schließlich werden die medizinischen, logistischen und klimatischen Umstände für das Scheitern der napoleonischen Armee bei dem Rückzug aus Moskau nach Westen dargestellt. Deutlich werden hier die herausragende Rolle von Infektionskrankheiten und das Scheitern jeglicher Prävention.

Schlüsselwörter:

Napoleon, Feldzug in Russland, 1812, Seuchen, Infektionskrankheiten, Hygiene, ambulances volantes, médecine l'avant, Verwundungsarten, Geschosswirkung, Logistik, Rückzug aus Moskau

Summary:

During Napoleon's disastrous campaign in Russia in 1812, far more soldiers and civilians died from epidemics than from the consequences of actual combat action.

Forces were shifted from all over Europe to the fringes of the continent – a previously unknown degree of mobility – while at the same time only rudimentary knowledge about hygiene, infection epidemiology or even basic medicine existed. This article describes the medical particularities of one of the largest conflicts in history, notable physicians and the principles of surgical treatment common at the time. Another topic is the „ambulances volantes", flying ambulances that acted as a forward-based „médecine de l'avant" in order to provide rapid aid to casualties. The effects of projectiles, injury patterns and the rudimentary follow-on treatment provided to the wounded after battles are also discussed. The article finally addresses the medical, logistic and climatic conditions that led to the defeat of the Napoleonic Army during its retreat from Moscow towards the west and demonstrates the enormous role played by infectious diseases and the failure of all preventive measures.

Keywords:
Napoleon, 1812 Russian Campaign, epidemics, infectious diseases, hygiene, ambulances volantes, médecine de l'avant, types of injuries, effects of projectiles, logistics, retreat from Moscow

Bei Erdarbeiten in einem Neubauviertel der litauischen Hauptstadt Wilna stießen Bauarbeiter im Jahre 2001 auf Leichenfelder mit zahlreichen Skeletten. Die Gebeine hunderter Menschen wurden in der Folge exhumiert. Zunächst vermutete man bisher unbekannte Massengräber aus der Zeit der stalinistischen Verbrechen oder des Zweiten Weltkrieges. Doch dann wiesen aufgefundene Uniformteile verschiedenster Streitkräfte aus ganz Europa die Anthropologen und Historiker auf einen anderen, viel früheren Krieg hin: den Feldzug Napoleons gegen Russland im Jahre 1812.

Wilna, schon wenige Tage nach dem Übergang der französischen Armee über den Njemen kampflos eingenommen, entwickelte sich zur Versorgungsbasis und Etappenstadt. Die Franzosen nutzten die gute Infrastruktur für ihre Material- und Vorratslager und richteten Lazarette für den weiteren Feldzug nach Moskau ein. Die Katastrophe, die im Winter 1812 die französischen und verbündeten Armeen bei ihrem Rückmarsch heimsuchen sollte, traf in ihren Dimensionen die Stadt trotzdem schwer: Fast 35 000 Soldaten aus ganz Europa starben in Wilna, teils an ihren

Verwundungen, vor allem aber an Auszehrung, Hunger und Krankheiten. Die zumeist jungen Soldaten wurden in Massengräbern beigesetzt, die nun nach und nach im Zuge der Bautätigkeit wieder entdeckt werden.

In den Napoleonischen Kriegen beklagte Europa zu Beginn des 19. Jahrhunderts eine nie gesehene Zahl von Opfern. Neben den zahlreichen durch die eigentlichen Kriegshandlungen umgekommenen oder verwundeten Soldaten starben noch viel mehr Menschen, darunter auch viele Zivilisten, durch Seuchenzüge, die ganze Landstriche entvölkerten. Die länderübergreifenden Feldzüge, die Verschiebung großer Truppenmassen bis in die Randzonen des Kontinents, eine bis dahin kaum vorgekommene Mobilität trafen auf damals nur rudimentär vorhandene Kenntnisse von Hygiene, Infektionsepidemiologie und medizinischem Grundlagenwissen. Dies führte dazu, dass auf einen im Kampf Verwundeten eine Vielzahl von Erkrankten zu beklagen war. Zudem erreichte die Letalität bei den Infektionskrankheiten ungeahnte Höhen. Die wenigen europäischen Soldaten, die in erbarmungswürdigem Zustand aus den Weiten des Ostens zurückkehrten, hatten Typhus, Fleckfieber und Cholera im Tornister. Die zahlreich vorhandene Memoirenliteratur der Napoleonischen Kriege gibt ein eindrucksvolles Zeugnis von den furchtbaren Zuständen, mit denen die Zeitgenossen in Lazaretten und Krankenlagern konfrontiert wurden.

Die Ärzte

Bis heute sind solche epochalen bellizistischen Katastrophen aber immer Katalysatoren von Modernisierungsschüben in Technik und Medizin gewesen, so auch damals. Vornehmlich französische Ärzte vollbrachten Meisterleistungen in der Kriegschirurgie, organisatorisch bei der Einrichtung von Lazaretten und vor allem bei der erstmaligen Etablierung eines abgestuften Systems der Betreuung von Verwundeten. Väter einer solchen „medécin l'avant" waren Pierre François Percy (1754-1825), der Chef-Chirurg und Inspekteur des französischen Sanitätsdienstes und später Dominique-Jean Larrey (1766-1842), der Chef-Chirurg der kaiserlichen Garde, der Napoleon in 25 Feldzügen, so auch nach Ägypten und Russland begleitete.

Abb. 1: Napoleons Rückkehr auf die Insel Lobau am 23. Mai 1809. Gemälde von Charles Meynier, etwa 1810 bis 1820 (Quelle: Wikipedia).

Die Ideen beider dienten als Vorbild für die Verwundetenfürsorge in allen europäischen Armeen. Sie können durchaus als Ahnen Henri Dunants (1828-1910), des Mitbegründers des Internationalen Roten Kreuzes, betrachtet werden. Ihre medizinische Fürsorge betraf die eigenen wie auch die gegnerischen Verwundeten. Sie waren deshalb bei Freund wie Feind hochgeachtet und vielfach ausgezeichnet durch die Souveräne der beteiligten Staaten. Napoleon sagte später über Baron Larrey, er sei der „tugendhafteste Mensch gewesen, den ich gekannt habe." Der Grande Armée standen in Russland neben zahlreichen Wundärzten bei den Regimentern auch etwa 830 Chirurgen in Feldlazaretten zur Verfügung. Larreys Standort befand sich in der Regel in der Nähe des Hauptquartiers, so dass er über die operativ-taktischen Manöver der Armee gut informiert war und entsprechende sanitätsdienstliche Maßnahmen schnell veranlassen konnte.

Abb. 2: Baron Dominique-Jean Larrey. Stich von Rubierre nach einem Gemälde von Girodet, 1829 (Quelle: Wikipedia).

Chirurgie im Russlandfeldzug 1812

Das Prinzip der durch die französischen Ärzte eingeführten Verwundetenversorgung im russischen Feldzug lag darin, möglichst rasch, vornehmlich noch auf dem Gefechtsfeld eine Erste Hilfe durch Stoppen von Blutungen und Anlegen von Verbänden herbeizuführen. Unter Nutzung der sog. fliegenden Ambulanzen, der „ambulances volantes", einer Art mobiler von Pferden gezogenen Sanitätsfahrzeuge, wurden die Verwundeten in der Folge nach hinten in ein Feldlazarett transportiert. Dort kamen sie in die Hände disloziert aufgestellter Chirurgengruppen, die möglichst innerhalb weniger Stunden operierten.

Unter Operation verstand man im Falle zerschossener Gliedmaßen fast immer die Amputation. Die Chirurgen hatten dabei möglichst rasch nach der Verwundung vorzugehen. Entscheidend für ein solches schnelles operatives Vorgehen war bei dem rudimentären Wissen mikrobiologischer Art in der vorantiseptischen Ära die empirische Erkenntnis, dass die regelhaft drohenden Wund- und Hospitalbrände, waren sie erst einmal manifest aufgetreten, zum nahezu sicheren Tode führten.

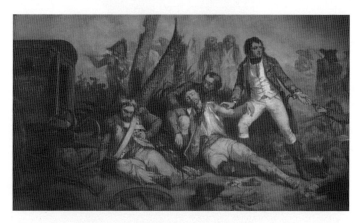

Abb. 3: Larrey auf dem Schlachtfeld. Gemälde von Charles-Louis Muller. Paris, Académie Nationale de Médecine (Quelle: französisches Ministerium für Kultur und Kommunikation).

Larrey, der in nahezu allen Schlachten der napoleonischen Armee in vorderster Linie wirkte, bevorzugte dabei die offene Wundversorgung und setzte die zerschossenen Gliedmaßen weit im Gesunden ab. In wenigen Stunden konnte er so bis zu 200 Amputationen vornehmen und schließlich eine solche Fertigkeit in diesem Metier erreichen, dass er gewöhnlich nur um die drei Minuten für das Absetzen einer Extremität benötigte. Trotz des Fehlens geeigneter Narkoseverfahren wollte man auch die Schmerzen für den Verletzten möglichst gering halten. Die Amputation eines Verwundeten schilderte ein Augenzeuge:

„Ein großes Zimmer lag gepfropft voll, lauter Kürassiere, denen die Arme und Beine teils weggeschossen, teils abgeschlagen waren. [...] Einem Offizier wurde das Bein über dem Knie abgenommen. Er sass [sic] auf einer Bank, auf welcher er auch den kranken Fuss [sic] liegen hatte, mit dem anderen stand er auf dem Boden und sah scharf zu, ohne den Mund zu verziehen. [...] Über der Stelle, wo das Bein oder der Arm abgenommen werden sollte, wurde es mit einem Tuche fest zugebunden, natürlich um den zu starken Zudrang des Blutes zu verhindern. Nun wurde ein Schnitt rundum bis auf den Knochen geführt, sofort das Fleisch zurückgedrängt und der Knochen durchsägt. Dann wurden mit einer Zange die Adern hervorgezogen und unterbunden, auch etliche mit einem Eisen zugebrannt, das Fleisch wurde wieder hervorgezogen und Charpie-gezupfte Leinwand [...] daraufgelegt."²

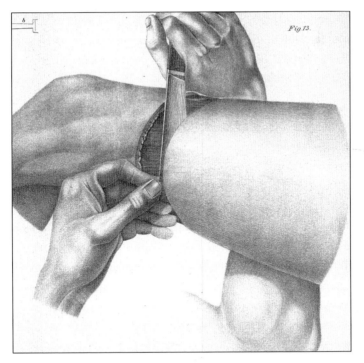

Abb. 4: Amputation eines Beines nach dem preußischen Chirurgen Graefe, 1813 (Quelle: KÖHLER/BOCK/HASENKNOPF [1901]).

Aber auch der Behandlung komplizierterer Verwundungen widmete sich Larrey. So entwickelte er eine neue Operationsform der Schultergelenksexartikulation, die er nach den Kämpfen um Smolensk bei mehreren Soldaten erfolgreich anwendete. Die Stadt war wenige Wochen nach Beginn des Krieges gegen Russland im August 1812 in blutigen Kämpfen erobert worden. Angesichts von tausenden Verwundeten beklagte Larrey schon zu diesem frühen Zeitpunkt des Feldzugs akuten Nachschubmangel an Verbandstoffen. Ungewöhnliche Abhilfe wurde durch Konfiszierung des Smolensker Stadtarchivs geschaffen:

> „So bediente ich mich anstatt der Leinwand, die wir schon [...] in den ersten Tagen verbraucht hatten, der Akten, die wir in dem Archiv fanden, dessen Gebäude zu einem Hospital verwandt worden war. Das Pergament diente zum Festhalten der Verbandstücke und zu Schienen, die Fasern und die Kätzchen der Birken statt der Charpie, und das Papier waren recht willkommen, die Kranken darauf zu legen. [...] Tag und Nacht waren wir mit dem Verbinden der Soldaten beschäftigt, die von Hieben und Kugeln verletzt waren, und trotz der wenigen Hilfsmittel, die wir hatten, wurden doch alle Operationen in den ersten vierundzwanzig Stunden gemacht."[3]

Das alles sollte jedoch nur Vorspiel zu der Schlacht bei Borodino am 7. September 1812 sein, einem der blutigsten Tage in der Kriegsgeschichte. Die bisher den Franzosen mehr oder weniger ausgewichene russische Armee stellte sich hier, etwa 100 km westlich von Moskau, zur Schlacht und versuchte – letztlich vergebens – Napoleon den Zugang zur Hauptstadt zu verwehren. Am Ende des Tages zählte man etwa 80 000 Tote und Verwundete, eine Größenordnung, die jede suffiziente sanitätsdienstliche Hilfe von vorne herein zum Scheitern verurteilte. Vor allem Artilleriegeschosse, es waren etwa 60 000 Kanonenkartuschen oft auf kurze Entfernung von nur 200 m verschossen worden, hatten verstümmelnde Verwundungen bei den Soldaten hervorgerufen: Komplexe Trümmerverletzungen mit ausgedehnten Weichteilwunden bis hin zu Amputationsverletzungen mussten zahlreich beobachtet werden. Insbesondere Gehirn- sowie Abdominal- und Thoraxschüsse bedeuteten den sicheren Tod.

Die meisten Verwundeten der Schlacht wurden in umliegende Ortschaften und Klöster geschafft und verblieben dort in einer zumeist insuffizienten Behandlung, da die Hauptarmee nach Moskau weiterzog und keine Kapazitäten für einen langen

Verwundetentransport bestanden. Soweit sie nicht starben, wurden sie noch auf dem Rückzug von Moskau in elendem Zustand wieder angetroffen.

Abb. 5: Verwundete bei Moshaisk. Gemälde von Christian Wilhelm von Faber du Faur (mit freundlicher Genehmigung des Bayerischen Armeemuseums Ingolstadt).

In Moskau

Am 14. September 1812 zog Napoleon mit seiner Hauptarmee in Moskau ein. Man traf in der von der Bevölkerung und Armee weitgehend geräumten Stadt auf tausende von russischen Verwundeten. Larrey organisierte auch deren Behandlung so gut es ging und sicherte die Verwundeten in festen Unterkünften vor den zahlreichen Bränden in der von Holzhäusern dominierten Metropole. Für die logistischen Herausforderungen einer Überwinterung in Moskau hatte Napoleon keine Vorkehrungen getroffen, so dass nach Scheitern aller Möglichkeiten zu einem Verhandlungsfrieden schon Mitte Oktober die Vorbereitungen zu einem Rückzug der Grande Armée aus der Stadt getroffen wurden. Bereits am 15. Oktober 1812 waren die Verwundeten und Kranken vorab aus der Stadt nach Westen in Marsch gesetzt worden.

Abb. 6: Übergang über die Beresina am 28. November 1812. Gemälde von Christian Wilhelm von Faber du Faur, etwa 1831 bis 1834 (Quelle: Wikipedia).

Sanitätsdienst während des Rückzugs Napoleons

Napoleon verließ mit seiner Hauptarmee am 18. Oktober Moskau und wandte sich zunächst Richtung Südwesten, vor allem um die auf dem Vormarsch verwüsteten Straßen zu vermeiden. Die Armee litt bereits hier unter deutlicher Schwäche, statt strikte Versorgungsdisziplin auszuüben, waren zahllose Fuhrwerke mit Raubgut aus Moskau beladen, ein Umstand, der die rasche Verlegung behinderte und die Formationen auseinanderriss. Zivilisten aller Couleur hatten sich angeschlossen, Viehherden wurden mitgetrieben und Infektionskrankheiten hatten um sich gegriffen. Alles zusammen beeinflusste die Schlagkraft der Truppe negativ, so dass die russische Armee, die sich inzwischen reorganisiert hatte, Napoleon erfolgreich den Weg verlegte und ihn zurück auf die alte Marschstraße zwang. Man marschierte hier durch verwüstete Landstriche, erreichte die alten Schlachtfelder von Borodino mit zehntausenden unbegrabenen Leichen. Das Los der Verwundeten wurde immer schlimmer. Larrey gab ein Bild über die Zustände in den Sanitätseinrichtungen vor Ort:

„Von Moshaisk marschierten wir nach dem Kloster Kolozkoje: in einem Dorf dazwischen befanden sich noch 250 Verwundete; sie waren am Tage der Schlacht dorthin geschafft worden. [...] Mein Besuch in Kolozkoje, wo wir 700

Kranke hatten, war äußerst mühevoll für mich. Es würde schwierig sein, die schlechte Lage zu schildern, in der sich unsere Verwundeten in den verschiedenen Räumen dieser Ambulanz befanden, vor allem die Verwundeten, die man in Pferdeställen oder in Scheunen untergebracht hatte; sie verkümmerten förmlich auf einem verseuchten Misthaufen, von allen Seiten von Leichen umgeben. Ich ließ unter meinen Augen alle verbinden und operieren, die noch gar nicht oder unvollständig behandelt worden waren. Dann ließ ich sie auf Wagen, die uns von der Armee zur Verfügung standen, verladen und nach Wjasma bringen."[4]

Inzwischen wurden die sich immer mehr auflösenden französischen Truppen von Freischärlern und Kosakeneinheiten attackiert, ohne dass eine geordnete Gegenwehr möglich gewesen wäre. Menschen und Pferde konnten sich zudem nicht mehr aus dem Land ernähren, so dass Hunger und weitere Immobilität resultierten. Der Temperatursturz Anfang November verschlimmerte die Lage noch mehr: Nun behinderten Eis, Schnee und Kälte den Rückmarsch und sorgten für unbeschreibliches Chaos. Ende November passierte Napoleon mit seiner Garde die Beresina über Ponton-Brücken und opferte dabei die den Rückzug sichernden verbündeten Einheiten vor den Angriffen der Russen. Schließlich erreichten die Franzosen unter kaum beschreiblichen Umständen Wilna. Die Soldaten befanden sich in einem unablässigen Kampf ums Überleben. Nur der Stärkste kam weiter, auf den Einzelnen, auf Verwundete, Kranke und Erschöpfte konnte keine Rücksicht mehr genommen werden, sie blieben zurück, wurden Opfer der Umstände oder eines fanatisierten Gegners. Auch Larrey, der selbst auf dem Rückzug unablässig Verwundete der Gefechte operiert hatte, konnte nur unter größten persönlichen Schwierigkeiten die litauische Hauptstadt erreichen. Sein Versuch, eine auch nur annähernd akzeptable medizinische Versorgung in der mit Schwerkranken überfüllten Stadt zu organisieren, musste in Anbetracht des Elends, insuffizienter Intendanturen und des Fehlens jeglicher Ordnung freilich vergeblich sein.

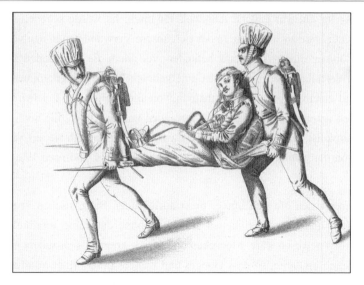

Abb. 7: Verwundetentransport mit Waffenbahre nach Graefe, etwa 1813
(Quelle: KÖHLER/BOCK/HASENKNOPF [1901]).

Infektionskrankheiten

Zum größten medizinischen Problem für die Grande Armée in Russland sollte das Auftreten von schweren Infektionskrankheiten werden. Die Ursache dafür lag neben den hygienischen Unzulänglichkeiten auch in der Versorgungsproblematik für die bis dahin wohl größte Armee der Geschichte. Napoleon galt zwar als logistischer Fachmann und die Schwierigkeit, Truppe und Bagage über hunderte von Kilometern in unwegsamem Gelände zu versorgen, war ihm wohl bewusst. Trotzdem unterschätzte sein Stab die Bedeutung dieses entscheidenden Faktors in einem Krieg mit derartigen Dimensionen in einem Land ohne die mitteleuropäische Infrastruktur. Man hatte schon im Frühjahr 1812 den Beginn des Krieges weit auf Ende Juni nach hinten gelegt, weil die zehntausende von Pferden und Tragtieren sich nach dem Einmarsch aus dem Land heraus ernähren sollten und hierzu blühende Wiesen und Getreidefelder notwendig waren. In den ersten Tagen des Feldzugs, nach dem 22. Juni 1812, regnete es – unvorhergesehen – in Strömen. Ab Anfang Juli erlebte Russland eine bis dahin kaum erlebte Hitzeperiode. Zahlreiche Pferde, die vorher nasses Gras gefressen hatten, verendeten, lagen als Kadaver an den Seiten der Vormarschstraßen und stellten nun die Quelle von Infektionen des Trinkwassers dar. Typhus und Ruhr traten auf und wüteten unter den marschierenden Soldaten. Etwa 80 000 Kranke mussten schon auf dem Vormarsch in den wenigen größeren russischen Städten zurückgelassen werden. Ihre medizinische Versorgung und der eigentlich beabsichtigte zügige Abtransport nach Mitteleuropa funktionierten ebenso wie bei den Verwundeten nur äußerst unreichend. Die russischen Bauern an den Hauptstraßen verließen vor Ankunft der Franzosen ihre Dörfer, nahmen Vieh und Vorräte mit in die Wälder und hinterließen statt Unterkünften brennende Schutthaufen, das Prinzip der verbrannten Erde. Zudem schrumpften die persönlichen Hygienemöglichkeiten der Soldaten von Woche zu Woche. Machbare präventivmedizinische Konzepte standen nicht zur Verfügung. Die Verlausung begann, nun brach das gefürchtete Fleckfieber aus, das sich epidemisch durch die französische Armee zog und durch Verwundete und Heimkehrer bis nach Mitteleuropa ausdehnen sollte. Als sogenannter „Kriegstyphus" wütete das Fleckfieber bis in das Jahr 1815 hinein auch in Deutschlands Städten.

So endete der russische Feldzug von Napoleons Grande Armée, der gut fünf Monate zuvor mit großer Siegeszuversicht am Grenzfluss Njemen begonnen hatte, auch in einem medizinischen Desaster. Es war die größte Truppenkonzentration, die die Welt bis dahin gesehen hatte mit Truppenstellern aus ganz Europa: Italiener, Spanier, Portugiesen, Polen, Österreicher und Schweizer dienten in ihren Reihen. Dazu kamen die Kontingente des deutschen Rheinbunds: Preußen, Sachsen, Hannoveraner, Württemberger, Bayern, Hessen, Westfalen und andere mehr. Von den hunderttausenden Soldaten, die Ende Juni den Njemen überschritten hatten, kamen nur die wenigsten zurück. An die 30 000 umgekommenen bayerischen Soldaten erinnert heute noch der Obelisk am Karolinenplatz in München.

Literaturverzeichnis

FABER DU FAUR (2003): Christian Wilhelm von Faber du Faur, Der Russlandfeldzug Napoleons 1812, Ingolstadt 2003

HORNDASCH (1948): Max Horndasch, Der Chirurg Napoleons. Das Leben des Jean-Dominique Larrey, Bonn 1948

KÖHLER/BOCK/HASENKNOPF (1901): Albert Köhler, Oscar Bock und Hermann Hasenknopf (Hrsg.), Die Kriegschirurgen und Feldärzte Preußens. II. Theil, Berlin 1901

RÖHRIG (1912): Johann Jakob Röhrig, Eine Amputation zur Zeit der Leipziger Schlacht, in: Friedrich Schulze (Hrsg.), 1813-1815. Die deutschen Befreiungskriege in zeitgenössischer Schilderung, Leipzig 1912, S. 173-174

Adresse des Verfassers

Flottenarzt Dr. Volker Hartmann
Sanitätsakademie der Bundeswehr
Neuherbergstraße 11
D-80937 München
volkerhartmann@bundeswehr.org

Anmerkungen

[1] Vortrag, gehalten im Rahmen des 5. Wehrmedizinhistorischen Symposiums, veranstaltet von der Gesellschaft für Geschichte der Wehrmedizin e.V. in Verbindung mit der Sanitätsakademie der Bundeswehr am 19.11.2013 in München. – Der Vortragstext wurde im Wesentlichen beibehalten.

[2] RÖHRIG (1912), S. 173.

[3] HORNDASCH (1948), S. 148-149.

[4] HORNDASCH (1948), S. 162-163.

Die Völkerschlacht bei Leipzig aus der Sicht der Militärmedizin
THE BATTLE OF LEIPZIG FROM THE PERSPECTIVE OF MILITARY MEDICINE

von Wolfgang Kösel[1]

Zusammenfassung:
Der vorliegende Beitrag gibt einen Überblick über den französischen Sanitätsdienst während der Völkerschlacht bei Leipzig 1813. Baron Dominique Jean Larrey, der „Chirurg Napoleons", entwickelte das System der mobilen Lazarette in der Nähe der kämpfenden Soldaten und den Verwundetentransport durch mobile Ambulanzen („ambulances volantes") und Krankenträger. Sein Credo war, eine schnellstmögliche chirurgische Versorgung zu gewährleisten („Die Verletzten des ersten Schlachttages müssen 24 Stunden nach Beginn der Kampfhandlungen versorgt sein!").
Die mobilen Lazarette erreichten auf Grund der Menge an Verwundeten schnell die Grenze ihrer Leistungsfähigkeit, so dass in allen geeigneten Gebäuden Leipzigs zusätzliche Lazarette eingerichtet wurden. Die Situation der Verletzten verschlimmerte sich nach der Schlacht noch mehr, da die fliehenden Franzosen, wie auch die sie verfolgenden verbündeten Armeen, fast ihr gesamtes medizinisches Personal mitnahmen.

Schlüsselwörter:
Völkerschlacht bei Leipzig, Dominique Jean Larrey, „Chirurg Napoleons", ambulance volante, französischer Sanitätsdienst

Summary:
This article gives an overview of the French medical service during the Battle of Leipzig in 1813. Baron Dominique Jean Larrey, also known as „Napoleon's Surgeon", developed a system of mobile field hospitals that operated near the combat zone as well as casualty evacuation with mobile ambulances („ambulances volantes") and stretcher bearers. His credo, according to which those wounded during the first day of battle must be tended to within 24 hours after the fighting begins, was to ensure the most speedy surgical treatment.

Due to the immense number of casualties, the mobile field hospitals were quickly filled to capacity, so that additional field hospitals had to be set up in all suitable buildings in Leipzig. The conditions for the wounded became even worse after the battle ended, because the retreating French – as well as the allied armies pursuing them – took their entire medical personnel with them.

Keywords:
Battle of Leipzig, Dominique Jean Larrey, „Napoleon's Surgeon", ambulance volante, French medical service

Politische und militärische Ausgangssituation der Völkerschlacht

Der Rückzug über die Beresina markierte das Ende des erfolglosen Russlandfeldzuges im Jahre 1812. Während Napoleon Bonaparte auf dem schnellsten Weg nach Paris zurückkehrte, führte Marschall Murat die Reste der Grande Armée aus Osteuropa zurück. Noch im Dezember 1812 vereinbarten die preußischen und russischen Generale Yorck und Diebitsch mit der Konvention von Tauroggen zunächst einen Waffenstillstand, der durch die Unterzeichnung eines Bündnisvertrages im Februar 1813 abgelöst wurde. Weitere bilaterale Verträge zwischen ehemaligen Gegner folgten und mit Auflösung des von Frankreich dominierten Rheinbundes im März 1813 und dem Gefecht bei Lüneburg wurden letztendlich die deutschen Befreiungskriege eingeläutet. Nach mehreren Schlachten zwischen französischen und verbündeten Streitkräften von Preußen und Russland griff Napoleon mit der neu formierten Grande Armée ab Mai persönlich in die großen Gefechte in Sachsen gegen die Armeen der Koalition von Österreich, Preußen, Russland und Schweden ein.

Am 14. Oktober 1813 trafen in dem südlich von Leipzig gelegenen Liebertwolkwitz Kavallerieeinheiten der gegnerischen Parteien aufeinander. Die anschließenden Truppenverstärkungen auf beiden Seiten führten schließlich am 16. Oktober zum Ausbruch einer der größten Schlachten der Weltgeschichte. In den viertägigen Kampfhandlungen – später als „Völkerschlacht bei Leipzig" bezeichnet – standen französische Truppen, Soldaten aus dem Herzogtum Warschau, einigen Rheinbundstaaten sowie den Königreichen Italien und Neapel der aus Russen, Preußen, Österreichern und Schweden bestehenden Koalitionsarmee gegenüber. Bis ins späte

19. Jahrhundert war es üblich, dass Soldaten weitgehend in dichtgedrängten Formationen (siehe Abbildung 1) kämpften und damit regelrecht zu „lebenden Zielscheiben" wurden. Auf engstem Raum kam es innerhalb kürzester Zeit zu grauenhaften Verlusten – eine Situation, der jeder moderne Sanitätsdienst nicht gewachsen wäre.

Abb. 1: Die Völkerschlacht bei Leipzig. Gravur von Pierre Adrien Le Beau (Quelle: Wikipedia).

Eine besondere Rolle fiel bei dieser Taktik der Artillerie zu – mehr als 2000 Kanonen und Haubitzen feuerten bei Leipzig ihre Geschosse in die feindlichen Formationen. Dabei kamen drei verschiedene Munitionsarten zum Einsatz:

1. Vollkugeln (massive Eisenkugeln unterschiedlichen Durchmessers), die von einer Kanone im Flachschuss abgefeuert wurden, eine Reichweite von ungefähr 1000 Metern hatten und bei direkten Treffern tiefe Breschen in die aufmarschierten Truppenformationen rissen. Zusätzlich begannen die Kugeln nach dem Aufschlagen auf hartem Boden regelrecht an zu springen, was zusätzlichen Schaden verursachte.
2. Granaten (hohle, mit Schwarzpulver und Zündschnüren versehene Eisenkugeln), welche von Haubitzen vorwiegend im Steilschuss verschossen wurden. Bei der Detonation zerrissen sie in unzählige Splitter, welche bei Menschen und Tieren furchtbare Verletzungen hervorriefen.

3. Kartätschen (mit etwa einhundert 23 Millimeter starken Bleikugeln gefüllte Blechdosen), die nach dem Abschuss über den feindlichen Truppen zerplatzte und in einem regelrechten „Kugelregen" auf die Soldaten niedergingen.

Die Hauptwaffe der Infanterie waren Vorderladergewehre, welche 19 Millimeter starke Bleikugeln verschossen. Allerdings konnte ein gezielter Schuss höchstens auf 100 Meter erfolgen, was ein nahes Heranrücken an den Feind notwendig machte – zusätzlich konnten die Gewehre nur im Stehen geladen werden. Trafen die Formationen im Nahkampf aufeinander, kamen Bajonette, Lanzen, Säbel sowie andere Stich- und Hiebwaffen zum Einsatz.

Die damaligen Geschehnisse sind durch Augenzeugen gut dokumentiert. So berichtet beispielsweise der Arzt Gottfried Wilhelm Becker:

„Dort war einer, dem der Fuß weggeschossen war, auf dem Rücken eines Kameraden hereingetragen. Hier saß einer ohne Bein auf seinem Ross. Ihm folgte ein totenbleicher Offizier, dem eine Kugel die Schulter zerschmettert hatte, auf einer Tür getragen. Mitten durch drängte sich ein Ambulancewagen, worin die Verwundeten vor Schmerz laut aufschrien. Und nun kam wieder einer mit abgeschossenen Arm."[2]

Sanitätsdienstliche Herausforderungen

Der überwiegende Teil der an der Schlacht beteiligten Soldaten war in schlechter gesundheitlicher Verfassung. Als Hauptursachen sind unzureichende Verpflegung, endlose Märsche, schlechte Unterbringung und Parasiten, die nicht selten Typhus und Fleckfieber übertrugen, anzusehen. Zusätzlich litten viele Armeeangehörige an Haut- und Geschlechtskrankheiten oder eitrigen Zahnwurzelentzündungen.

Neben den bereits beschriebenen Verletzungen durch Artilleriegeschosse stellten Schussverletzungen die Wundärzte vor große Probleme. Die relativ geringe Energie und Geschwindigkeit der Bleikugeln führte zu großen, mit Schmutz und Kleidungsresten verunreinigten Eintrittswunden und Wundhöhlen, während Spuren an gefundenen Schädel- und Extremitätenknochen von schweren Hiebverletzungen zeugen.

An dieser Stelle ist ein Blick auf die Situation der Lazarette notwendig. Seit Mai 1813 fanden bereits mehrere Schlachten zwischen den Truppen Napoleons und der

Koalition unter Führung von Russland und Preußen statt. Die Lazarette in Sachsen waren angefüllt mit Verwundeten und Kranken, die das vorhandene Sanitätspersonal (welches ohnehin nicht mehr die Sollstärke aufwies) band: So blieb beispielsweise ein großer Teil des Personals der Linienlazarette in Dresden zurück. Auch Leipzig war bereits vor Beginn der eigentlichen Schlacht Lazarettstadt: Es befanden sich zwischen 11 000 und 15 000 Verwundete in der Stadt. Um die Seuchengefahr zu verringern, hatte man außerhalb der Stadtmauern mehrere Lazarettbaracken errichtet, die von den Franzosen vor Beginn der Kampfhandlungen geräumt wurden. Eine rechtzeitige und vollständige Evakuierung der Verwundeten aus den Leipziger Lazaretten in die westlich gelegenen Etappenlazarette, wie beispielsweise Weißenfels, konnte nicht mehr durchgeführt werden – die militärische Lage entwickelte sich zu schnell.

Der französische Sanitätsdienst

Zum Zeitpunkt der Völkerschlacht waren viele Errungenschaften der modernen Medizin (Anästhesie, Antisepsis und Antibiotika) unbekannt, was nicht nur den Sanitätsdienst der Grande Armée vor organisatorische und medizinische Probleme stellte.

Die Organisation und Führung des französischen Sanitätsdienstes übernahm Baron Dominique Jean Larrey. Im Jahre 1812 zum Chefchirurgen des Russlandfeldzuges ernannt, begleitete er Napoleon Bonaparte anschließend auf allen späteren Feldzügen, was ihm die Bezeichnung „Chirurg Napoleons" eintrug.

Larreys Credo war eine schnellstmögliche chirurgische Versorgung nach der Verwundung unter Ausnutzung des Wundschocks und zur Verhinderung von Wundinfektionen. Dazu prägte er den Standpunkt, dass „innerhalb der ersten 24 Stunden nach Schlachtbeginn alle großen chirurgischen Eingriffe des 1. Tages zu erfolgen haben."[3]

Dazu entwickelte er das System der „fliegenden Lazarette", die „ambulances volantes" – mobile Ambulanzwagen unterschiedlicher Größe (siehe Abbildung 3), die von ihrer Einsatzweise mit einem heutigen Beweglichen Arzttrupp (BAT) vergleichbar sind und bereits während der Kampfhandlungen einen schnellen Abtransport und damit eine rasche chirurgische Versorgung ermöglichten.

Abb. 2: Baron Dominique Jean Larrey. Gemälde von Anne-Louis Girodet de Roussy-Trioson, 1804 (Quelle: Wikipedia).

Komplettiert wurde das System des schnellen Abtransports durch mit zerlegbaren Tragen ausgerüstete Krankenträger. Je zwei Träger führten ein „Endgestell" am Tornister, eine Stange sowie ein um den Bauch gebundenes Spanntuch mit. Am Einsatzort angelangt, wurden die Stangen und Endgestelle zusammengesteckt und anschließend mit dem Spanntuch überzogen.

Abb. 3: Ambulance volante für zwei liegende Verwundete (Quelle: Wikipedia).

Für sein Konzept konnte Larrey – um aufgrund der besseren Vergleichbarkeit moderne Begriffe zu verwenden – auf den Truppensanitätsdienst der Regimenter und die Sanitätstruppe zurückgreifen. Die Gliederung des Sanitätsdienstes eines französischen Regimentes ist in Abbildung 4 dargestellt. Das etwa 2000 Mann umfassende Regiment bestand aus drei Bataillonen, welches jeweils über 1 bis 2 Ärzte und Hilfspersonal verfügte. Als solches kamen zum Teil auch Marketenderinnen und Waschfrauen zum Einsatz. Die medizinische Ausrüstung und das Personal transportierte man mit einem langen, relativ niedrigen und schmalen Spezialwagen, der sogenannten „Wurst", dessen aufklappbares Oberteil gepolstert war, damit das Sanitätspersonal dort rittlings aufsitzen konnte. Dem verantwortlichen Regimentsarzt und seinen Helfern stand neben einem „Wurstwagen" die größere ambulance volante für vier liegende Verwundete zur Verfügung.

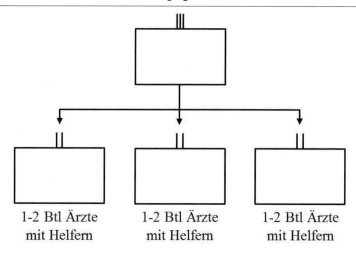

Abb. 4: Truppensanitätsdienst eines französischen Regimentes um 1814 (Quelle: Kösel).

Organisatorisch bestand der Sanitätsdienst eines etwa 25 000 Soldaten starken französischen Korps aus einem mobilen Lazarett, einem 200 Mann umfassenden Krankenträgerbataillon und sieben „Linienlazaretten" im rückwärtigen Gebiet. Das mobile Lazarett bestand aus vier Abteilungslazaretten mit jeweils 15 Chirurgen für die Versorgung von drei Divisionen und den Korpstruppen. Zum Verwundetentransport standen acht kleine und vier große ambulances volantes zur Verfügung. Bei der Planung der Bettenanzahl der sieben Lazarette ging Larrey davon aus, dass 10 % der Sollstärke eines Korps nach der Schlacht stationär behandelt werden mussten.

Im 19. Jahrhundert begannen viele europäische Länder wie Österreich und Preußen mit der Modernisierung ihrer militärischen Sanitätswesen und orientierten sich dabei an dem französischen Sanitätsdienst nach Larrey.

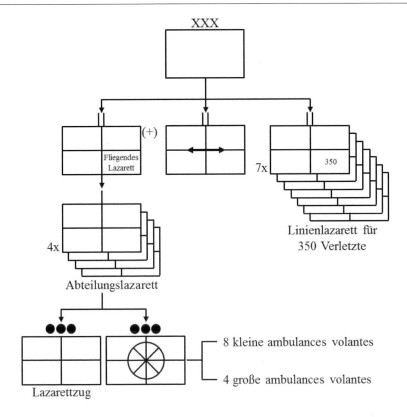

Abb. 5: Sanitätsdienst für ein 25 000 Mann starkes französisches Korps (Quelle: Kösel).

Die eigentliche Verwundetenversorgung lief nach folgendem Schema ab: Etwa 100 bis 200 Meter hinter der Kampflinie wurde durch die Bataillone ein Truppenverbandplatz eingerichtet, den die meisten Verwundeten in Selbst- und Kameradenhilfe erreichen mussten. Dort erhielten sie die erste medizinische Versorgung. Wenn die Verletzten Glück hatten, operierte gerade ein Chirurg in der Nähe oder es stand eine ambulance volante zum Abtransport zur Verfügung. Im Normalfall ging es mit Fahrzeugen aller Art weiter zum Verbandplatz des Regimentes, der zentralen Sammelstelle für Verwundete. Von dort aus führte der Weg der Verletzten mit Fuhrwerken und ambulances volantes zum Krankensammelplatz der Division, während dringliche chirurgische Fälle unmittelbar ins „chirurgische Lazarett" gebracht wurden. Beide Einrichtungen wurden durch das Abteilungslazarett betrieben. In einiger Entfernung zum Kampfgebiet nahmen Linienlazarette ihre Arbeit auf. Man darf sich darunter aber kein Krankenhaus mit Bettenstationen im modernen Sinne vorstellen. Für die Lagerung der Patienten waren mit Stroh ausgestopfte Säcke vorgesehen. Die Abteilungs- und Linienlazarette richtete man in allen zur Verfügung stehenden und geeigneten Gebäuden ein. Im Hinterland, etwa 50 bis 100 Kilometer von der Front entfernt, standen die sogenannten Etappen- und Speziallazarette zur Verfügung. In Frankreich errichtete Heimatlazarette versorgten abschließend die aus dem Kampfgebiet evakuierten Verwundeten und Kranken. Auch die verletzten Soldaten aus der Völkerschlacht gelangten über diese Versorgungskette bis nach Paris.

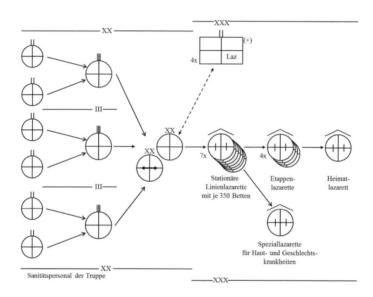

Abb. 6: Schema über den Ablauf der Verwundetenversorgung im französischen Heer 1813 (Quelle: Kösel).

Situation der Verwundeten

Auf Grund des Massenfalls von Verletzten ist davon auszugehen, dass auf den Verbandplätzen und in den Lazaretten eine Triage stattgefunden hat – entsprechende Kriterien und Maßgaben sind allerdings nicht überliefert. Erhalten blieben dagegen die exakten Anweisungen Larreys, wann zwingend amputiert werden musste.

Bei den ohne Narkose ausgeführten Amputationen kam es auf die Schnelligkeit der in den Lazaretten tätigen Chirurgen an. Von Larrey wird berichtet, er habe bei der Schlacht von Borodino in 24 Stunden 200 Gliedmaßen amputiert, theoretisch also alle sieben Minuten ein Bein oder einen Arm. Welche Qualen die Verwundeten dabei erlitten, scheint heute kaum mehr vorstellbar.

Wie es anno 1813 – im präantiseptischen Zeitalter – in einem solchen Lazarett zuging, berichtete in erschreckender Weise der Soldat Johann Jakob Röhrich:

„Ein großes Zimmer lag gepfropft voll, fast lauter Kürassiere, denen die Arme und Beine teils weggeschossen oder abgeschlagen waren. Ich sah lange zu. Einem Offizier wurde das Bein über dem Knie abgenommen. Er saß auf einer Bank, auf welcher er auch den kranken Fuß liegen hatte, mit dem andern stand er auf dem Boden und sah scharf zu, ohne den Mund zu verziehen: Über der Stelle, wo das Bein oder der Arm abgenommen werden sollte, wurde es mit einem Tuche fest zugebunden, natürlich um den zu starken Zudrang des Blutes zu hindern. Nun wurde ein Schnitt rundum bis auf den Knochen geführt, sofort das Fleisch zurückgedrängt und der Knochen durchgesägt. Dann wurden mit einer Zange die Adern hervorgezogen und unterbunden, auch etliche mit einem heißen Eisen zugebrannt, das Fleisch wurde wieder vorgezogen und Leinwand, mit Kalk- oder Bleiwasser getränkt, daraufgelegt. Dies alles war eine Arbeit von etlichen Minuten und die Operation war geschehen."[4]

Als die Völkerschlacht am 16. Oktober begann, herrschten insgesamt ungünstige Bedingungen für den französischen Sanitätsdienst: Die einzige Rückzugsstraße konnte aufgrund der Kämpfe am ersten Schlachttag nicht zur Evakuierung genutzt werden. Dies hatte zur Folge, dass erst am Folgetag die ersten Verwundeten, unabhängig von ihrer Transportfähigkeit, Richtung Westen verlegt wurden.

Die mobilen Lazarette waren auf Grund der großen Zahl von Verwundeten schnell an der Grenze ihrer Leistungsfähigkeit angelangt. Obwohl die Versorgung in Anbetracht der Umstände recht gut funktionierte, kamen immer mehr Verletzte in die Stadt Leipzig. Durch die Verantwortlichen wurden daher in allen geeigneten Gebäuden zusätzliche Lazarette eingerichtet – insgesamt sollen es 56 gewesen sein. Trotzdem mussten viele Verwundete abgewiesen werden und die Straßen füllten sich bald mit immer mehr obdachlosen Soldaten. Die hygienischen Bedingungen innerhalb der Stadtmauern nahmen Stunde um Stunde grauenhaftere Züge an. Nach der Schlacht flohen die Franzosen nach Westen und nahmen, wie auch die sie verfolgenden verbündeten Armeen, bis auf 57 in Gefangenschaft geratene Ärzte und Lazarettbeamte ihr sämtliches medizinisches Personal mit. Nach Abzug der kämpfenden Truppen versorgten zunächst drei schwedische, diese französischen sowie 40 aus Leipzig stammende Ärzte, Chirurgen und Apotheker tausende von Verwundeten. Johann Christian Reil, der vom preußischen Staatsminister Reichsfreiherr von und zum Stein als Beauftragter für das Lazarettwesen der Städte Leipzig und Halle eingesetzt worden war und im November 1813 in Folge einer Typhuserkrankung in Leipzig starb, berichtete kurz vor seinem Tod:

> „An jenen Orten liegen sie geschichtet wie die Heringe, alle noch in den blutigen Gewändern, in welchen sie aus der heißen Schlacht hereingetragen sind. Unter 20.000 Verwundeten hat auch nicht ein einziger ein Hemde, Bettuch, Decke, Strohsack oder Bettstelle erhalten [...]. Keiner Nation ist ein Vorzug eingeräumt, alle sind gleich elend beraten [...]. Sie haben nicht einmal Lagerstroh. Ein Teil derselben ist schon tot, der andere wird noch sterben. Ihre Glieder sind, wie nach Vergiftung furchtbar aufgelaufen, brandig. Daher der Kinnbackenkrampf in allen Ecken und Winkeln, der umso mehr wuchert, als Hunger und Kälte seiner Hauptursache zu Hilfe kommen. Viele sind noch gar nicht verbunden, andere werden nicht alle Tage verbunden. An Wärtern fehlt es ganz. Verwundete, die nicht aufstehen können, müssen Kot und Urin unter sich lassen und faulen im eigenen Unrat. Für die Gangbaren sind zwar offene Kübel ausgesetzt, die aber nach allen Seiten überströmen. In der Petrikirche stand eine solche Bütte neben einer anderen ihr gleichen, die eben mit der Mittagssuppe hereingebracht war. Diese Nachbarschaft der Speisen und der Ausleerungen muss notwendig einen Ekel erregen, den nur der grimmigste Hunger zu überwinden im Stande ist [...]. Es war mir nicht möglich durch die Dünste von Kot und Eiter zu dringen, die der Avernus nicht giftiger aushauchen kann."[5]

Der Zustrom von Verletzten hielt auch nach Ende der Schlacht an. Teilweise konnten Verwundete erst nach sieben oder mehr Tagen in die Lazarette transportiert werden. Trotzdem nahm bis Dezember die Zahl der stationär behandelten Soldaten immer mehr ab. Dies lag einerseits an ihrer beginnenden Evakuierung durch die verbündeten Armeen, andererseits forderten „Lazarettkrankheiten" wie eitrige

Wundentzündungen, Gasbrand und Tetanus sowie Fleckfieber und Typhus unzählige Opfer.

Im französischen Hauptlazarett in der Thomaskirche starben bis Jahresende täglich 50 Kranke. Die Toten wurden in Massengräber mit bis zu sieben Schichten bestattet.

Abb. 7: Blick von der Quandtschen Tabaksmühle über das Schlachtfeld auf Leipzig. Aquarell von Ernst Wilhelm Straßberger, 1813 (Quelle: Wikipedia).

Carl Gustav Carus, einer der vielseitigsten Gelehrten des 19. Jahrhunderts, wurde bereits im Frühjahr 1813 von den Franzosen mit der Leitung eines Lazarettes beauftragt. Er notierte dazu:

„Am meisten wütete das Lazarettfieber in der Johanniskirche. Von allen Kranken, die hier lagen, konnten nur wenige gerettet werden. Alle Krankenwärter waren gestorben oder heimlich davongelaufen."[6]

In diesem Zusammenhang dürfen die staatlichen und privaten Hilfslieferungen von Lebensmitteln, Kleidung und Verbandstoffen, die zur Linderung der Situation beitrugen, nicht unerwähnt werden.

Als Fazit bleibt festzustellen, dass alle am Kampf beteiligten Armeen über organisierte Sanitätsdienste verfügten. Die hohe Zahl an Verwundeten und der fluchtartige Abzug der Franzosen ließen jedoch eine geordnete Lazarettversorgung nicht zu. Mit 135 000 Gefallenen, Verwundeten und Kranken zählt die Völkerschlacht bei Leipzig zu den verlustreichsten Schlachten der Napoleonischen Kriege. Die Verluste betrugen bei den Alliierten 26,2 % und bei Napoleons Truppen 24,2 %. Das letzte Lazarett in Leipzig konnte erst 1816 geschlossen werden.

Literaturverzeichnis

BÖRNER (1988): Karl-Heinz Börner (Hrsg.), Vor Leipzig 1813. Die Völkerschlacht in Augenzeugenberichten, Berlin 1988

FESSER (2013): Gerd Fesser, 1813. Die Völkerschlacht bei Leipzig, Jena – Quedlinburg 2013

HOFBAUER/RINK (2013): Martin Hofbauer und Martin Rink, Die Völkerschlacht bei Leipzig. Verläufe, Folgen, Bedeutungen 1813 – 1913 – 2013, Militärgeschichte: Zeitschrift für historische Bildung 3/2013, S. 4-9

VOLLSTÄDT/VOLLSTÄDT (1989): Klaus Vollstädt und Rita Vollstädt, Zur Völkerschlacht bei Leipzig 1813. Analysen und Wertungen aus militärmedizinhistorischer Sicht, Diss. Leipzig 1989

WALZ (1993): Dieter Walz, Sachsenland war abgebrannt. Leipziger Völkerschlacht 1813, Leipzig 1993

Adresse des Verfassers

Hauptmann a. D. Wolfgang Kösel
Siedlung 2
D-89278 Nersingen
wolfgangkoesel@arcor.de

Anmerkungen

[1] Vortrag, gehalten im Rahmen des 5. Wehrmedizinhistorischen Symposiums, veranstaltet von der Gesellschaft für Geschichte der Wehrmedizin e.V. in Verbindung mit der Sanitätsakademie der Bundeswehr am 19.11.2013 in München. – Der Vortragstext wurde in einigen Teilen überarbeitet und angepasst.

[2] VOLLSTÄDT/VOLLSTÄDT (1989), S. 110.

[3] VOLLSTÄDT/VOLLSTÄDT (1989), S. 40.

[4] BÖRNER (1988), S. 164f.

[5] BÖRNER (1988), S. 314.

[6] VOLLSTÄDT/VOLLSTÄDT (1989), S. 152.

Bisher erschienene Referatebände der Gesellschaft für Geschichte der Wehrmedizin e. V. (GGWM)

Band 1: **150 Jahre Schlacht bei Solferino**, hrsg. von Ralf Vollmuth, Erhard Grunwald, Rufin Mellentin und André Müllerschön, Bonn 2014
ISBN 978-3-927603-79-0

Band 2: **Wiedervereinigung und Sanitätsdienst.** Betrachtungen zu Kontinuität und Wandel, hrsg. von Ralf Vollmuth, Erhard Grunwald und André Müllerschön, Bonn 2015
ISBN 978-3-927603-78-3

Band 3: **Die Weiße Rose.** Widerstand aus den Reihen des Sanitätsdienstes?, hrsg. von Ralf Vollmuth, Erhard Grunwald und André Müllerschön, Bonn 2016
ISBN 978-3-927603-75-2

Band 4: **Geschichte der Wehrmedizin im Fokus**, hrsg. von Ralf Vollmuth, Erhard Grunwald und André Müllerschön, Bonn 2016
ISBN 978-3-927603-74-5

Band 5: **Tradition und Militärgeschichte**, hrsg. von Ralf Vollmuth, Erhard Grunwald und André Müllerschön, Bonn 2017
ISBN 978-3-927603-71-4